Axel Rachow – Sichtbar

Axel Rachow
Sichtbar
Die besten Visualisierungs-Tipps für Präsentation
und Training

© 2006 managerSeminare Verlags GmbH
Endenicher Str. 282, D-53121 Bonn
Tel: 0228 / 9 77 91-0, Fax: 0228 / 9 77 91-99
e-Mail: shop@managerseminare.de
www.managerseminare.de/shop

ISBN 10: 3-936075-13-1
ISBN 13: 978-3-936075-13-7

Lektorat und Layout: Jürgen Graf
Cover: Silke Kowalewski
Druck: Kösel GmbH & Co. KG, Krugzell

Axel Rachow

Sichtbar

managerSeminare Verlags GmbH, Bonn

Axel Rachow ...

... Dipl. Sozialpädagoge, zert. Erwachsenenbildner, Jahrgang 1961, entwickelte 1995 die DART-Idee für engagierte Personal- und Unternehmensentwicklung. Als Trainer, Moderator und Autor hat er sich einen Namen gemacht: Seine sechs Werke (allen voran der Bestseller „Spielbar") sind praxisnahe Handreichungen mit vielfältigen Anregungen für die lebendige Gestaltung von Lernsituationen, Präsentationen und (Groß-)Veranstaltungen.

Für lebendig gestaltete Trainingsmaßnahmen erhielt er 1998 den Deutschen Trainingspreis und 2000 ein Certificate of Excellence des BDVT.

2005 neu firmiert in der DART Consulting GmbH, begleitet er Veränderungsprozesse mit den Schwerpunkten Kommunikation und Innovation.

Axel Rachow
An Groß St. Martin 6
50667 Köln
07 00 / 20 72 24 69
Rachow@DART-Consulting.de
www.DART-Consulting.de

Schrift 55

„Wer (schön) schreibt, der bleibt."

Farben 79

„Wähle Farben, wenn Du mehr sagen willst."

Formen 103

„Nutze Deine Ecken und Kanten."

Akzente 127

„Rücke Deine besten Seiten ins Licht."

Menschen 149

„Liebe Dein nächstes Strichmännchen."

Verfremden, kopieren und zitieren .171

„Lerne aus dem, was an Gutem schon da ist."

Kreativ präsentieren 195

„Du sollst Deinen Zuhörern nicht die Zeit stehlen."

Spiele 217

„Bring Spiele ins Spiel."

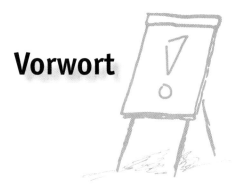

Vorwort

Kennen Sie das? Auf einmal sollen Sie etwas in Groß präsentieren, vor einer Gruppe schreiben oder einen Sachverhalt darstellen ...

Auf der Flip-Chart oder der Pinwand, die Ihnen hierfür zur Verfügung steht, wachsen neben der dort entstehenden Schrift oder Grafik auch die Zweifel, ob das denn alles so lesbar, deutlich und plausibel ist und am Ende sogar noch richtig überzeugend wirkt: Haben Sie als Präsentierende/r denn auch alles richtig gemacht? Alle Gestaltungsrichtlinien eingehalten? Die Perspektive beachtet? Die Farben farbpsychologisch genau eingesetzt? Schattierungen, Akzentuierungen, Schnittpunkte, Komposition und chronologische Platzierung der Elemente berücksichtigt?

Der optische Wettbewerb ist groß und die Wettbewerber heißen PowerPoint, Printmedien, Werbung und Fernsehen. Systematisch durchdachte und ausgefeilte grafische Inszenierungen begegnen uns allerorts und haben die visuellen Ansprüche verändert.

Nicht um dort mitzuhalten, sondern um die eigenen Gestaltungsideen schnell, punktgenau und handlungssicher in Seminaren, Workshops und Präsentationen zu platzieren, gibt es SICHTBAR.

Die beiden „s" sind nicht gleichmäßig genug.

Zwischen dem „s" und dem „t" ist ein kleiner Fleck.

Das Wort „angefangen" ist rechts etwas tiefer als links.

Das „s" von „als" ist im oberen Bereich geschlossen und kaum als ein „s" zu erkennen.

Was genau sollte ich jetzt farblich hinterlegen?

Ausrufezeichen oder eher nicht?

Sind die Kanten auch alle gleich lang?

Die Randlinien sind ja wirklich krumm und schief.

Die Worte hätten auch anders angeordnet werden können.

Wäre es nicht sinnvoller „unvollständig" zu unterstreichen?

Es kann auch alles ganz anders sein!

Ungleichmäßige Buchstaben wirken lebhaft und individuell.

Die Grundprinzipien einer lesbaren Schrift sind eingehalten.

Die unregelmäßige Linienführung im Rahmen verleitet nicht zum direkten Vergleich mit geraden Linien.

Der fehlende Buchstabe im Wort „unvollständig" irritiert den Betrachter und ist gleichzeitig eine Botschaft der Präsentation.

Die durchbrochenen Rahmenlinien strahlen Dynamik aus.

Das fehlende Ausrufezeichen kann noch in der Präsentation ergänzt werden.

Das Wort „unvollständig" in einer veränderten Schriftart ist Effekt genug und dient als Eye-Catcher.

Schrift allein fällt oft leichter als eine Zeichnung.

Das Motiv ist einfach und ohne Zeitaufwand zu gestalten.

SICHTBAR wird schrittweise Ihre Visualisierungen verändern. In zehn Kapiteln präsentieren sich Ihnen „Gebote der Visualisierung" – als Grundlage für die anregende und unterstützende Gestaltung Ihrer Moderationen und Präsentationen.

Visualisierung gehört nicht zu Ihrem Hauptaufgabenbereich. Dessen ungeachtet soll sie ansprechend ausschauen und überzeugend wirken, denn mit einer gekonnten Visualisierung präsentieren Sie nicht nur einen Sachverhalt, sondern machen auch einen Teil Ihrer Person SICHTBAR.

SICHTBAR werden in diesem Buch Schritt für Schritt kleine Gesetzmäßigkeiten der Darstellung, für die Sie keine große Ausbildung oder geniales Talent benötigen. Allein den Mut des Ausprobierens und eine gewisse Lust am Scheitern sollten Sie besitzen: Es klappt garantiert nicht alles von Anfang an.

Gerade deshalb ist die erste Visualisierung dieses Buches auch gleichzeitig dessen Leitmotiv: Besser unvollständig angefangen, als perfekt gezögert.

Ich wünsche Ihnen viel Spaß und Erfolg mit den Visualisierungstipps und Ihren künftigen Anwendungen,

Axel Rachow

Die zehn Gebote der Visualisierung

Der Weg zur Idee

Am Anfang steht Dein Gedanke.

Der Weg zur Idee – so sehen es andere:

„Die Neugier steht immer an erster Stelle eines Problems, das gelöst werden will." *Galileo Galilei*

„Man muss etwas Neues machen, um etwas Neues zu sehen." *Georg Christoph Lichtenberg*

„Wer das erste Knopfloch verfehlt, kommt mit dem Zuknöpfen nicht zurecht." *Volker Brotbeck*

„Es zeigt sich in der Tat, dass letztlich die echte und grundlegende Freude am Leben auf dem Üben und Pflegen unserer schöpferischen Fähigkeiten beruht, um sie ganz zu entfalten und freizulegen." *Eugene Raudsepp*

„Brillante Ideen sind organisierbar." *Julius Robert Oppenheimer*

„Der Einfall war kindisch, aber göttlich schön." *Friedrich von Schiller*

„Die einzig sichere Waffe gegen schlechte Einfälle sind gute Einfälle." *Whitney Griswold*

In diesem Kapitel erfahren Sie:

▷ Wieso es Sinn macht, sich vor dem ersten gezeichneten Strich ein paar Worte aufzuschreiben.
▷ Welche unaufwendigen Methoden Ihnen helfen, zu konkreten Gestaltungsideen zu gelangen.
▷ Wie andere Ihnen ständig bei der Ideenfindung hilfreich zur Seite stehen.
▷ Was Sie tun können, wenn Ihnen gar nichts Bildhaftes einfällt.

Schreiben statt „Herbeidenken"

Als Seminarleitung sind Sie gut vorbereitet: Fachkundig haben Sie Ihre Veranstaltung geplant und das Hand-out für die Teilnehmenden ausgearbeitet. Das Seminar kommt näher und als Letztes brauchen Sie dann nur noch ein paar Plakate gestalten, eventuell sogar erst kurz bevor das Seminar beginnt.

Sie stehen vor der leeren Flip-Chart und möchten ein Plakat für die Eröffnung gestalten. Sie nehmen den ersten Stift in die Hand und wollen engagiert loslegen.

Innen drin toben die Ansprüche: „Jetzt bloß nicht verschreiben." – „Die Zeit ist knapp." – „Bekomme ich alles auf das Plakat?" – „Eine wirklich geniale Idee wäre gut!" – „Schreiben auch alle Stifte?" Und irgendwie stockt es genau in dem Moment, wo Sie doch eigentlich kreativ, humorvoll und flüssig ein paar Plakate gestalten wollen: Die Visitenkarte des Seminars, den ersten Eindruck für die Teilnehmer.

Jetzt müssen Einfälle her. Aber wie denkt man sich eine Gestaltungsidee herbei?

Der Weg zur Idee

1. Was ist überhaupt eine Idee?

Viele Menschen meinen „die passende Idee" oder „die Lö-sungsidee", wenn sie von Ideen sprechen, und lassen damit ein ganzes Spektrum von unfertigen Gedanken, Geistesblit-zen und Zufallsanregungen außer acht. „Ich brauche jetzt un-bedingt eine Idee" wird damit oft zum Filter: Naheliegendes wird eher bevorzugt, Vertrautes wird intensiver betrachtet und Konkreteres stärker befürwortet. Verloren geht dabei der „schräge" Einfall mit all dem Potenzial, das in ihm steckt.

Fast alle Techniken zur Anregung von Ideen basieren interes-santerweise auf dem Prinzip der Visualisierung:

▶ Es wird notiert – was auf dem Papier steht, muss man nicht mehr im Kopf behalten.
▶ Begriffe werden großflächig geschrieben – die sichtbaren Einfälle anderer regen wieder neue Ideen an.
▶ Bilder kommen zum Einsatz – dadurch werden plakative Anregungen und Interpretationsmöglichkeiten geschaffen.
▶ Reizworte aus anderen Zusammenhängen werden notiert – und lösen wiederum Assoziationen aus.

Um selbst auf Ideen zu kommen, können Sie alle (Team-) Techniken und Prinzipien der Kreativität auch für sich selbst nutzen (siehe rechts).

Spontanidee: Das ist der erste Einfall, der Ihnen zur Lösung durch den Kopf geht, nachdem das Pro-blem definiert ist. Notieren Sie die Spontanidee in jedem Fall, auch wenn sie althergebracht erscheint, schon mal da gewesen ist oder irgendwie langweilig wirkt.

Strukturierte Sammlungen: Machen Sie sich eine Matrix, neh-men Sie sich eine Checkliste oder entwickeln Sie Ihre Gedanken im Mind-Map®. Struktur muss keine Bremse sein, sondern zeigt einen Rahmen auf.

Methoden der Synektik und der Anreize: Scheinbar weit entfernte und beliebig ausgewählte Bilder, Analogien und Reizwörter werden zur Ideenfindung unterstützend eingesetzt. Sie bringen Neues ins Spiel, regen an, und konfrontieren mit Andersartigkeit.

Abgucken bei anderen: Internet, Kollegen, Bücher, Illustrierte, Reklamewände ... Der positive As-pekt der Reizüberflutung ist der, dass eine Menge leicht zugäng-licher Gestaltungsbeispiele zur Verfügung steht.

Kollegialer Ratschlag: Um auf Ideen zu kommen, immer noch eine nicht zu unterschätzende pragma-tische Vorgehensweise: „Wie wür-dest Du das machen?" „Was fällt Dir spontan zum Thema ... ein?"

Abgucken bei sich selbst: Die Di-gitalfotografie macht es möglich, ein Archiv eigener Visualisierungen anzulegen. Oft vergisst man, was man selbst vor einiger Zeit ge-schaffen hat. Der Vorteil: Das kann man garantiert wieder so umset-zen – es kam ja aus eigener Feder.

Storming-Techniken: Vieles ungefil-tert aufschreiben, hier haben auch Quergedanken, Abwegiges und Ba-nalitäten ihren Platz. Viele Einfälle entstehen in kurzer Zeit.

2. Der Weg zur Idee in vier Schritten
am Beispiel eines Workshops zum Thema Konfliktsteuerung

1. Schritt: Tempo 30 – Das Mini-Brainstorming

„Wo fange ich an? – Konfliktsteuerung ist das Thema – hätte ich nur früher angefangen damit – wie spät ist es? – ich könnte es heute ja noch einmal so machen wie beim letzten Mal – mir fällt nichts ein – ein Baum ist gut – wie zeichnet man einen Baum? – unten anfangen beim Stamm oder zuerst die Krone? – Baum ist irgendwie auch zu friedlich für das Thema Konflikt – welches andere Motiv kommt auch in Frage? – im Buch war eine Abbildung zweier Boxer …"

Dies alles zu denken kostet Sie eine Minute Zeit und bringt Sie nicht wesentlich weiter.

Am Anfang steht daher stets die kurze schriftliche Ideensammlung – das Mini-Brainstorming. <u>Die Basis für Ihr Denken</u> wird eine andere, wenn Sie erste Einfälle als Stichworte notiert haben. Das ist ganz ähnlich wie bei einem aufgeräumten Schreibtisch, einem vollen Staubsaugerbeutel, einer sortierten Küche oder dem Umblättern eines beschriebenen Blattes Papier: Indem man das Alte wegschafft, entsteht Platz für das Neue.

Die schnelle Ideenliste

Wenn Sie eine Minute Denkarbeit in ein Mini-Brainstorming investieren und diese Worte und Ideen gleich aufschreiben, dann besitzen Sie eine ganz andere Ausgangsposition für Ihre Arbeit. Eine Ideenliste zum Thema Konfliktsteuerung kann dann zum Beispiel so aussehen:

„Konflikt – Wetter – Zeitstress – Papier – Baum – Wald – Waldsterben – Dürre – Öde – kahle Bäume – Hotel – Berge – jetzt stockt es – Mittagessen – Blätter – Wachstum – einzelne Äste – Typisierung von Bäumen – Gibt es eigentlich misslungene Bäume? – Entwurzelung – Rinden – Baumsterben"

Gleicher Aufwand – mehr Nutzen

Vor Ihnen liegt jetzt Ihr ganz persönlicher Ideenratgeber. Nicht nur für das eine Plakat, sondern in diesem Fall (Seminar „Konfliktsteuerung") mit Vorschlägen für eine komplette Story, in die Sie Ihr ganzes Seminar kleiden könnten. Die Vorteile für Sie:

▷ Sie tun nicht mehr, um an die Idee zu kommen – Sie tun es nur anders.

▷ Quer- und Blockadegedanken („jetzt stockt es" oder „Mittagessen") verschwinden aus dem Kopf und landen auf dem Papier.

▷ Sie haben Ihre Notizen vor Augen und müssen nicht mehr nachdenken: Welche Idee hatte ich da eben noch?

Tempo 30:

Das Mini-Brainstorming

Nicht die künstlerische Leistung zählt, sondern die passgenaue Idee!

Beispiel Ideenauswahl

▷ Sie freuen sich darüber, wie viele Einfälle Ihnen kommen und wie Sie mit der Zeit immer flüssiger, ausufernder und origineller werden.

▷ Auf einem DIN-A4-Blatt notiert, haben Sie eine Stichwortliste zum Abheften, Nachschlagen, Fortsetzen, Abschreiben …

Und irgendwann stellen Sie dann ganz verblüfft fest, dass in der Visualisierung meistens nicht die künstlerische Darstellung zählt, sondern die passgenaue Idee.

2. Schritt: Eine treffende Idee auswählen

Die Tempo-30-Liste hat 24 Begriffe geliefert. Umkreisen Sie jetzt die

▷ interessantesten,

▷ herausforderndsten,

▷ originellsten.

Richten Sie hierbei Ihre Aufmerksamkeit auf das Außergewöhnliche. Dort steckt wesentlich mehr Energie fürs Weiterdenken drin und entsprechend mehr Einfälle werden aus Ihnen herausprudeln. Irgendein Punkt wird Sie schließlich fesseln. In diesem Beispiel war es die Grundidee des Baumes und der Variationen dazu. Diese Idee kann als Metapher für Ihr Plakat dienen oder sogar zum Leitthema für das Seminar werden.

3. Schritt: Eine Stichwortliste zum Leitthema

Das Mini-Brainstorming wird fortgesetzt und so rundet sich langsam das Bild ab. Notieren Sie auch hier wieder jeden Einfall – noch geht Quantität vor Qualität.

Beispiel: Stichwortliste
zum Leitthema Baum

Als Variation: M.O.S.E.

Das Mini-Brainstorming mit den festen Überschriften **M**(ensch) – **O**(rt) – **S**(ache) – **E**(reignis)

Beispiel: Stichwortliste
M.O.S.E. zum Leitthema Baum

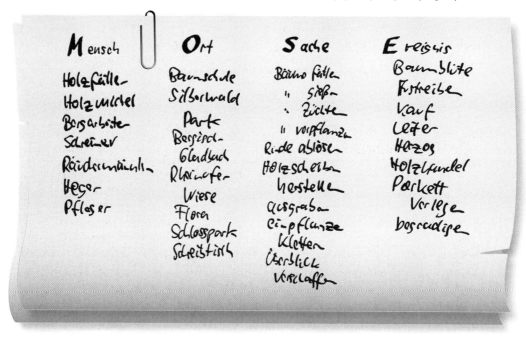

Nun besitzen Sie viele Stichworte und damit eine gute Grundlage für den Gestaltungsprozess. Der Aufwand ist gering und lässt sich auch im Zug oder in der Wartehalle des Flughafens betreiben.

4. Schritt: Das Scribbeln

Das Scribble ist für Künstler und Grafiker der grobe Entwurf. Hier geht es um die erste gezeichnete Idee und nicht um die detailgetreue Zeichnung oder die exakte Anordnung. Solche Entwürfe werden klassisch im Skizzenbuch gesammelt – ein wesentlicher Begleiter des schöpferischen Menschen. Für unsere Zwecke tut es auch ein Bogen A4-Papier. Hier werden die Einfälle des Brainstormings zu ersten Bildern.

Die Vorteile des Scribbelns:

▷ Sie erhalten schon einen ersten Eindruck von den Proportionen und der Wirkung,
▷ Sie können sich problemlos verzeichnen und erneut ansetzen,
▷ es entstehen weitere motivierende Ideen,
▷ Sie verbrauchen noch kein großes Blatt Papier,
▷ Sie besitzen eine Vorlage für eine mögliche Projektion (siehe S. 176 ff),
▷ A4-Bögen lassen sich leicht archivieren.

Nun müssen Sie sich entscheiden, welche der gesammelten Schlagworte oder skizzierten Ideen Sie in Ihre Visualisierung übernehmen möchten. In diesem Fall (siehe Abb. S. 18) war es eine Mischung aus mehreren Motiven.

Beispiel: Scribble zum Thema Baum/Konflikt

3. Variationen auf dem Weg zur Gestaltungsidee

Fax-Storming mit Kollegen

Für diese Art der Ideensammlung benötigen Sie ein Faxgerät, eine/n liebe/n Kollegen/in und ein wenig Zeit. Sie beginnen mit einem kurzen Anruf und der Frage, ob Ihr kreativer Mitstreiter gerade etwas Zeit hat. Ist das der Fall, notieren Sie Ihr Thema und erste Assoziationen dazu auf einem Bogen und versenden ihn per Fax an den/die Kollegin. Diese/r hat nichts anderes zu tun, als die eigenen Einfälle und Assoziationen hierzu aufzuschreiben und zurückzusenden. So wächst ein anregender Ideenkatalog zum Thema – jede/r füllt ihn auf seine Weise mit Begriffen, Kommentaren und Zeichnungen.

Beispiel: Kollegiales
Fax-Storming. Mit jedem Fax
ein paar Einfälle mehr.

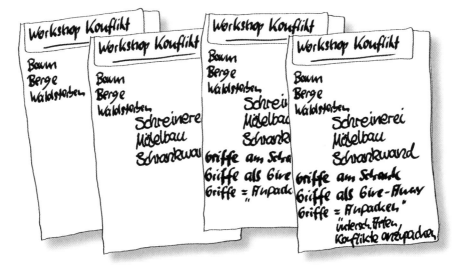

Der offene Blick für Gestaltungsbeispiele

Zeitungsanzeigen, Werbemotive im Fernsehen, Postwurfsendungen, Buchcover, Comics und die Zeichenmappe Ihrer Tochter – dies alles sind ideale Fundorte für Ideen und Anregungen. Denn die Gestalter von Anzeigen und Medien haben zu Beginn alle dieselbe Ausgangsfrage wie Trainer und Präsentatoren: „Wie kommuniziere ich die Botschaft kurz und prägnant?" Lernen Sie von den Gestaltungs- und Werbeprofis und kreieren Sie aus den Grundideen überzeugende Plakate und Präsentationen.

▶ **Malbuch, Comic, Kinderbuch:** Diese Druckerzeugnisse bestechen vor allem durch eines: Einfachheit. Bei Malbüchern hat man zudem sofort eine Kopiervorlage (siehe Kapitel 8 – Verfremden, kopieren und zitieren, S. 171 ff).

▶ **Clip-Art-Sammlungen:** Clip-Art-Sammlungen sind eine Fundgrube für grafische Anregungen. Sie haben zudem den Vorteil, dass sie auf den beigelegten CDs als Datei zur Verfügung stehen und dadurch in Teilnehmerunterlagen oder Präsentationen integriert werden können.

▶ **Internet:** Schauen Sie den Kollegen über die Schulter. Beim Blättern auf anderen Homepages finden sich stets Anregungen für Aussagen und deren Gestaltung. Gerade in diesem professionellen Umfeld begegnen dem Betrachter Illustrationen, die durch ihre einfache Gestaltung und inhaltliche Reduktion überzeugen. Zudem werden oft Visualisierungen aus dem Business-Bereich gezeigt.

Malbücher und Clip-Art-Sammlungen als Ideenlieferanten

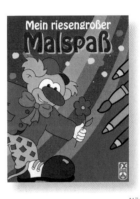

Nützliche Internetadressen:
– www.donbraisby.co.uk
– www.facilitate.de
– www.graphic-facilitation.de
– www.graphische-moderation.de
– www.grove.com
– www.handsongraphics.com
– www.office.microsoft.com/ clipart/results
– www.sensesmart.com
– www.visualpractitioner.org
– www.visuelle-protokolle.de

Das City-Card-Collecting

Die geselligste Art der Ideensammlung beginnt mit einem/einer netten Kollegen/in in einer lokalen Szene-Kneipe. Dort finden sich (zumeist im Gang vor den Toiletten) Kartenständer mit Werbepostkarten. Diese kostenlosen Werbeträger sind interessante Ideengeber. Einfach zugreifen, dem/der Kollegin zeigen und noch vor Ort auf dem nächsten Bierdeckel eine Tempo-30-Liste zusammenstellen oder das erste Scribble.

City-Card-Collection – einfache grafische Ideen als Anregungen für Komposition und den Umgang mit Schrift und Bildelementen

Das Prinzip der Ideenanregung durch bildhafte Vorlagen ist nicht neu, aber effizient. Noch ganz anders als in Anzeigen in Zeitungen oder Illustrierten wird bei den Gratispostkarten auf engstem Raum eine plakative Botschaft untergebracht. Das macht die Karten zum Hingucker und schafft Anregungen für die Platzierung von Text und Bildelementen.

Nutzen Sie die in den Postkartenmotiven verborgenen Strukturen, die Anordnung der Schrift oder die Gestaltungselemente für Ihre Plakate. So entsteht nach und nach eine anregende Vorlagensammlung. Im nächsten Schritt werden daraus Plakatideen oder vielleicht sogar noch mehr.

Links: Aus Postkarte 1 wurde die Idee des markanten Ausrufezeichens übernommen.

Mitte: Ein Ausschnitt von Postkarte 2 prägt das Plakat für den Visions-Workshop.

Rechts: Die auf den Kopf gestellte Schrift führte zur Idee der Spielkarte und damit zur Metapher für den gesamten Teamprozess.

Am Beispiel des dritten Plakates wird deutlich, wie viel mehr sich oft aus einer einfachen Bildidee entwickeln lässt. Sammelt man rund um das Thema „Karte" weitere Schlagworte als Tempo 30 (z.B. Trümpfe ausspielen – mit gezinkten Karten – abgekartetes Spiel – Falschspieler – Kartentricks – abzocken – alle Karten auf den Tisch legen) hat man schnell eine Stichwortliste, die mit ihrer Metaphorik einen ganzen Workshop treffend prägen kann.

Mein Archiv für Gestaltungsideen

Mein Archiv für Gestaltungsideen

Zusammengefasst:

Der Weg zur Idee

- Zu Beginn von Ideensammlungen zählt die Quantität.
- Jede Visualisierung beginnt in klein: Erst schreiben, dann auswählen, dann scribbeln.
- Freunde, Bekannte, Kollegen sind gute Stichwortgeber.
- Ideen finden sich überall.

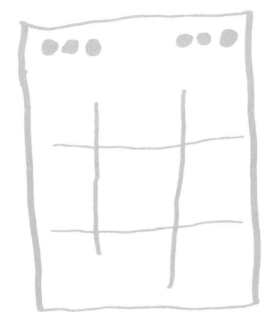

Komposition

Fertige nicht Unordnung an, wo sie unnötig ist.

Komposition – so sehen es andere:

„Für den Laien klingt es geheimnisvoll, und die Regeln erscheinen schwierig, doch jeder Mensch hat tatsächlich einen mehr oder weniger ausgeprägten Instinkt für Komposition."

Nestor Almendros

„Glauben Sie nicht, ein Bild wäre schon witzig, wenn nur genug visuelle Metaphern darin vorkommen."

Bernd Natke

„Man kann nicht an eine Form denken, ohne zugleich an den Raum zu denken, und umgekehrt."

Juan Acevedo

„Sie brauchen kein Wort zu verstehen, die Harmonie der Haltungen reicht als Information." *Gertrud Höhler*

„Könnte man es in Worten sagen, gäbe es keinen Grund zu malen." *Edward Hopper*

„Wenn alles seinen richtigen Platz in unserem Geiste hat, können wir mit dem Rest der Welt im Einklang sein."

Henri Frederic

„Gebraucht der Zeit, die geht so schnell von hinnen, doch Ordnung lehrt Euch Zeit gewinnen."

Johann Wolfgang von Goethe

In diesem Kapitel erfahren Sie:

▶ Was Sie tun können, wenn Sie vor einem leeren Bogen Papier stehen.
▶ Dass die Anordnung von Gestaltungselementen Gesetzmäßigkeiten folgt.
▶ Dass die Betrachter stets eine gewisse Erwartungshaltung haben.
▶ Wie Sie auch mit wenig Text ansprechende Plakate gestalten.

Das leere Blatt

In unserer europäisch-westlichen Gesellschaft gibt es eine angelernte Erwartungshaltung an jede Art von Visualisierung. Das ist ein über Jahrhunderte gewachsener gemeinsamer Code, der uns hilft, die Dinge auf den Punkt zu bringen und rasch miteinander zu kommunizieren. Ob es nun der Notizzettel für Kritzeleien, der Flip-Chart-Bogen an der Wand oder das großformatige Blatt auf der Pinwand ist: Am Anfang sind sie alle leer. Auch ohne dass etwas darauf geschrieben oder gezeichnet ist, spricht das leere Blatt seine eigene Sprache:

▶ Fange oben links an, wenn Du schreiben willst!
▶ Reihe zusammengehörende Worte aneinander oder setze sie in Beziehung!
▶ Wenn Du eine Geschichte erzählen willst, verbinde die Bilder sinnvoll miteinander.
▶ Halte einen Abstand zum Rand ein!
▶ Mach mich nicht zu voll!
▶ Halte Ordnung und mach etwas Sinnvolles …

Das Blatt will gefüllt sein. Wo und wie Sie Schrift und Bild platzieren, zeigt Ihnen das folgende Kapitel.

Der Weg zur gelungenen Komposition

1. Die Nürnberger Komposition

▷ Wie schafft man es, ein Gleichgewicht zu schaffen zwischen verspielt und symbolisch einerseits und sachlich-nüchtern andererseits?

▷ Wie setzt man einen komplizierten Inhalt in eine pointierte Visualisierung um?

▷ Wie sorgen Sie dafür, dass Visualisierungen ins Unterbewusstsein gehen und so langfristig verankert werden?

▷ Gibt es Erfahrungen oder auch Statistiken, welche Medien (PC, Flip-Chart, Metaplan …) die Visualisierung am nachhaltigsten beim Teilnehmer ankommen lassen?

Diese Fragen, die uns von interessierten Trainern gestellt wurden, begleiteten uns auch durch den Herstellungsprozess dieses Buches und können stets nur unbefriedigend beantwortet werden. Analog zum nicht vorhandenen Nürnberger Trichter, gibt es auch noch keine Nürnberger Komposition: „das eine Format oder Medium, das alles garantiert transportiert und verankert".

Ganz im Gegenteil: In der Welt der Visualisierung sind so viele Darstellungsarten möglich und alle können – kontext- oder zielgruppenabhängig – zum Erfolg (bleibt im Gedächtnis) oder zur Niederlage (wird nur kurzzeitig oder gar nicht wahrgenommen) führen.

Nahezu einstimmig findet sich jedoch die Aussage, dass die beim Betrachter ausgelösten Emotionen der Dreh- und Angelpunkt für Akzeptanz und langfristige Verankerung sind. Gelingt es mir, mit meiner Visualisierung Gefühle anzusprechen, komme ich den Teilnehmern näher:

- das Schmunzeln beim Zeigen der Folie mit einem Cartoon,
- die anregende Diskussion darüber, welches von drei Bildern am ehesten den Führungsstil des Chefs charakterisiert,
- die Fragen und die Ergänzungen beim Schaubild zum Einsatz von Kreativitätstechniken,
- der gemeinsame Rundgang mit Teilnehmern durch ein „Museum" mit kuriosen Gegenständen.

Positive Emotionen, Sympathien und Harmonien in der Gestaltung helfen, den Inhalt zu verstehen, zu akzeptieren und zu verankern. Doch auch das Gegenteil kann der Fall sein: In den 1990er-Jahren sorgte eine Kampagne des italienischen Modehauses Benetton für Furore. Die Abbildung des verschmutzten T-Shirts eines im Krieg getöteten Soldaten war als solche erst einmal nur ein (eher wenig ansprechendes) Plakatmotiv. Erst durch die Kontextdiskussion, die Meinungsbildung in der Öffentlichkeit, die Einschaltung des Werberates und die ständige Präsenz des Themas in den Medien gelang dann das, was wirklich wichtig ist: Die nachhaltige Verankerung.

Die vielen Visualisierungstipps dieses Buches führen Sie daher auch nicht auf die Spur einer „Nürnberger Komposition", sondern vielmehr dahin, dass Sie Ihre Visualisierungen im Detail verbessern, damit diese markanter, harmonischer oder pointierter werden und visuell überraschen.

Entscheidend ist dann im nächsten Schritt der Einsatz: Die Art und Weise, wie Sie in der Präsentation mit der Visualisierung arbeiten, sie inszenieren und kommentieren, Wiederholungen einbauen und den Teilnehmern Dialogmöglichkeiten einräumen.

Möglichkeiten der Visualisierung im Überblick

Reiner Text

Wie es im Buche steht: einfach nur das ge- schriebene Wort.

+ sachlich
+ wirkt überzeugend und besitzt eine hohe Akzeptanz
+ geht schnell
+ kann durch einfache Colorierung markanter werden

– bietet dem Betrachter wenig Anker- oder Anknüpfungs- möglichkeit
– der Blick wird stark auf die Lesbarkeit der Schrift gerichtet

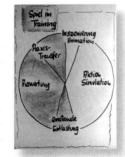

Diagramm

Vertrautes und unver- zichtbares Vorgehen für die einfache Darstellung von Mengen, Relationen und Dimensionen.

+ wirkt ehrlich und überzeugend
+ einfache Form der Darstellung, in der sich geübte Betrachter schnell zurechtfinden
+ einfache Machart

– mehrere Diagramme hintereinander ermüden und lassen sich oft schwer voneinander unterscheiden/erinnern
– die Visualisierungen können (außer bei elektronischer Präsentation) während der Präsentation schlecht verändert werden

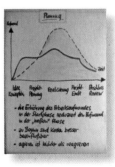

Bilder und Motive als Eye-Catcher

→

Passend zur Botschaft wird ein ergänzendes Motiv gewählt, dass eine analogische oder metaphorische Aussage trifft und/oder das Gesagte pointiert.

+ nahezu jede Art der Abbildung eignet sich
+ setzt einen visuellen Anker
+ kollidiert nicht mit Erwartungen von Präsentationsteilnehmern
+ stellt durch den Deutungsspielraum auch eine Interaktionsmöglichkeit dar

– irritierend, wenn das Motiv nicht passt oder ablenkende Bildelemente besitzt

Vollbild / Schaubild

→

Ein großes Motiv wird als Basis für die Präsentation gewählt oder gezeichnet. Die Details des Bildes sind die Einzelaspekte der Präsentation. Der Betrachter wird verbal durch das Schaubild geleitet.

+ starker visueller Anker
+ bietet Interpretationsspielräume und Dialogmöglichkeiten
+ überrascht durch Größe und Komplexität

– fertig, wirkt geschlossen
– die Verknüpfungen müssen stimmen
– in vielen Zusammenhängen ungewohnt
– beansprucht Vorbereitungszeit

Wandzeitung / Collage

Die Wandzeitung ist eine Zusammenstellung von Informationen zum Thema. Sie besitzt einen Arbeitscharakter und wirkt zusammengesetzt. Der Betrachter wählt seinen Weg der Betrachtung und kann auch ergänzend eingreifen.

+ bietet viel Fläche für Informationen
+ flexibel, kann auch durch Teilnehmer interaktiv ergänzt werden
+ bietet Raum für alle Formen von Abbildungen
+ kann selbsterklärend oder als Teil einer Präsentation gestaltet werden

– begleitend zum Vortrag muss der Betrachter verbal durch die Wandzeitung geführt werden
– kann verwirrend wirken und überfordern

Dreidimensionale Objekte

Gegenstände übernehmen eine begleitende Rolle und symbolisieren die Aussagen.

+ interaktiv, können den Teilnehmern in die Hand gegeben werden, dadurch entstehen direkte Dialogmöglichkeiten
+ können in der Präsentation umgedeutet oder von den Teilnehmern ergänzt werden
+ erreichen haptische/kinästhetische Typen, die über visuelle und auditive Kanäle weniger eingängig erreicht werden
+ wenig Vorbereitungszeit

– die Verknüpfungen müssen passend, sinnvoll und nachvollziehbar sein
– u.U. erhöhter Materialaufwand

Die Abbildungen in groß und weitere Erläuterungen hierzu finden Sie auf S. 244 ff.

2. Die Dreierregel

Ziel der Visualisierung ist die schnelle und eindeutige Information des Betrachters. Das beginnt mit einer sinnvollen gedanklichen Blattaufteilung, die uns allen mehr oder weniger bewusst, in jedem Falle aber vertraut ist (siehe Abb.).

Die Kernaussage kommt in den mittleren Bereich. Die Überschrift wird zentral darüber platziert.

Damit bewegen wir uns in einem harmonischen Bereich. Der Betrachter kennt das Schema und findet sich sofort zurecht. Gerade dann, wenn Ihre Visualisierung einfach nur informieren und überzeugen soll, ist dieses Schema bestens geeignet.

Das Prinzip der Dreierregel in verschiedenen Plakaten

Das Ziel der Visualisierung in Seminaren, Veranstaltungen und Präsentationen ist die klare, unmissverständliche und rasche Information. Der Betrachter soll sich leicht und intuitiv zurechtfinden. Er soll eine Harmonie in der Gestaltung erleben, die mit der Aussage korrespondiert und zum Betrachten einlädt. Alle Gestaltungselemente unterstützen dieses Ansinnen.

Künstler und Werbefachleute durchbrechen diesen Grundaufbau oft und ganz durchdacht – ihre Ziele sind jedoch auch andere: Sie wollen beschreiben, anregen, reizen, erregen, kritisieren oder schockieren.

Eindeutige Aussagen durch betrachtungslogische Darstellung

Nicht jede Visualisierung ist vom Aufbau her so einfach. Manchmal möchte man ja etwas mitteilen, was das zuvor gezeigte Schema sprengt. So könnte es sein, dass in Ihrem Plakat die Vergangenheit eine Rolle spielt, ein Prozess oder eine Entwicklung dargestellt oder Positives und Negatives kontrastierend gezeigt werden soll.

Hierzu wird das Schema betrachtungslogisch erweitert: Oder sogar noch etwas dynamischer:

Das Prinzip der Bewegung / Entwicklung / Erfolgsorientierung wird deutlich. Es entstehen intuitive Eindeutigkeit und Verständlichkeit.

Vertraut ist dem Betrachter diese Anordnung durch unzählige „ganz natürliche" Beispiele: Das Auto kommt von links, der (Familienstamm-)Baum wächst empor, die Leiter des Erfolgs führt nach oben und in allen Gotteshäusern reckt man das Haupt vom kargen Boden hinauf zum Kreuz und den vom Sonnenlicht erstrahlenden Fenstern.

Betrachtungslogik in verschiedenen Plakaten

 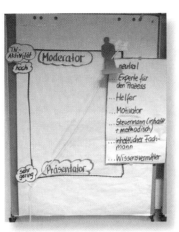 

Der Mann lässt (alte) Rezepte hinter sich und bewegt sich Richtung Zukunft.

Verschiedene Aussagen werden gebündelt: hohe Teilnehmer-Aktivität, „Entwicklung zum ..." und die positive Rollenbeschreibung im Kasten rechts.

Der Weg gibt anschaulich die Leserichtung vor und zeigt dem Betrachter damit, „wo es lang geht". Die versetzten Kästen mit unterschiedlicher Schriftgröße unterstützen zudem ein „Vorne und Hinten" und damit ein „zuerst Lesen und später Lesen".

Gelungene Raumaufteilung mit einfachen Mitteln

Chart links: Die Herausforderung, „relativ" wenig Text auf einem großen Plakat unterzubringen, wurde mit einer einfachen Grafik und Randlinien gelöst. Die Aufgabenstellung gerät selbstverständlich in den Fokus des Betrachters.

Chart rechts: Gleichmäßig verteilen sich Text und Bildelemente. Etwas Dynamik entsteht dadurch, dass die Wolken den Rahmen durchbrechen.

3. Anordnung von Zeilen

Die sinnvolle Anordnung der Zeilen hilft dem Betrachter beim raschen Erfassen eines Textes. Das vertraute Prinzip des linksbündigen Satzes ist nicht nur zum Lesen das schnellste, sondern auch zum Schreiben.

Linksbündig schreibt es sich zügig und es gibt kaum Vertun. Die Platzierung der Worte ist eindeutig vorgegeben und sofort nachvollziehbar.

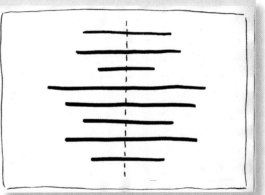

Die Anordnung mit Mittelachse ist beim Schreiben aufwendig und verlangt Präzision in der Schrift. Diese Form der Gestaltung wirkt sehr künstlerisch. Schon kleine Abweichungen fallen dem Betrachter deutlich auf.

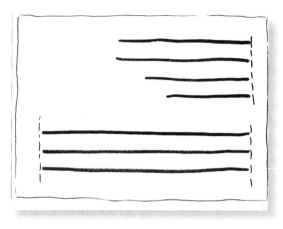

Rechtsbündiges Schreiben erfordert eine Menge Übung und bremst den Lesefluss.

Blocksatz ist uns zwar aus vielen Dokumenten vertraut, erfordert als gleichmäßige Handschrift jedoch extremes Geschick.

Die freie Zeilenanordnung lässt viel Spielraum. Durch fehlende Fixpunkte an Zeilenbeginn und -ende wird beim Betrachter nicht die Hoffnung auf Ordnung und Gleichmäßigkeit geweckt. Ideal für den schnellen Einsatz (siehe Bsp. links).

4. Der Weg zum Plakat in drei Schritten

1. Schritt: Sammlung der Gestaltungselemente

Notieren Sie alle Bild- und Text-Ideen auf kleinen Haftnotizen. Nutzen Sie verschiedene Größen und probieren Sie die Platzierung auf einem DIN-A4-Bogen.

Der Vorteil: Sie „verschwenden" kein großes Blatt, können variieren und dadurch ein erstes Bild vom Bild in Ihrem Kopf entstehen lassen. So entwickeln Sie allmählich ein Gefühl für Komposition. Korrekturen sind absolut problemlos und es entsteht mit der Zeit eine Vorlagensammlung zum Abheften.

2. Schritt: Mit den Elementen spielen

Der große Vorteil der kleinen Haftnotizen ist ihre Vielseitigkeit: Ruckzuck sind sie umgeklebt und schon hat man einen kompletten Eindruck von der jeweils anderen Raumaufteilung. Zusätzlich lassen die Varianten sich noch mit dem Kopierer dokumentieren.

 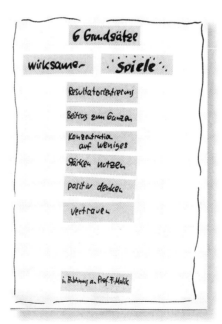 

3. Schritt: Auswählen und übertragen

Ausgewählt wird das Motiv, das am ehesten „stimmt": Harmonie und Geschlossenheit ausdrückt und der Aussage des Inhalts am nächsten ist (Hierbei gibt es natürlich auch subjektive Ansichten!). Deutlich wird aber, wo große Lücken sind, oder ob man einen dünneren Stift benutzt, um Platz zu sparen, bzw. einen dickeren, weil die Textmenge gering ist.

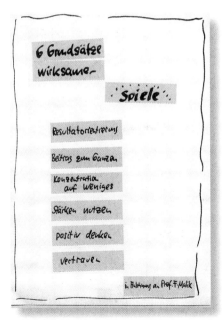

Die ausgewählte Vorlage wird einmal in der Länge und ein- bis zweimal in der Breite gefaltet. So entsteht eine Gliederung des Blattes, die eine Übertragung auf größeres Material erleichtert (s. Kapitel 8: Verfremden, kopieren und zitieren – Übertragungstechniken, S. 171 ff)

Variation: Haftnotizen in groß

Mit großen Haftnotizen (Moderationskarten und Nadeln auf einer Pinwand) lassen sich die Schritte 1 bis 3 auch sofort auf dem Trägerpapier durchführen. Der Vorteil: Ist die optimale Anordnung gefunden worden, können die Haftnotizen nach und nach durch Schrift ersetzt werden.

Materialtipp:

Haftnotizen in klein und groß:

▶ www.präsentations-tools.de

Selbstklebende Moderations-

karten in verschiedenen

Formen und Farben:

▶ www.neuland-online.de

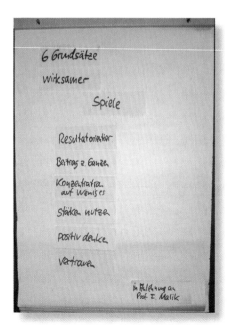

Tipp:

In guten Schreibwarengeschäften oder im Künstlerfachbedarf gibt es Overhead-Projektor-Stifte mit breiter, abgeflachter Spitze („B"). Sie simulieren die großen Moderationsmarker.

Der Vorteil: Damit können Sie auf einem DIN-A4-Blatt Ihren Entwurf schreiben oder skizzieren. Das geht schnell, verbraucht keine großen Bögen und Sie erhalten auf Anhieb einen Eindruck von Platzbedarf und Positionierung.

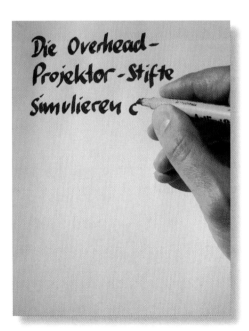

... die großen Moderationsmarker und eignen sich daher hervorragend zum Üben.

Mein Archiv für Gestaltungsideen

Mein Archiv für Gestaltungsideen

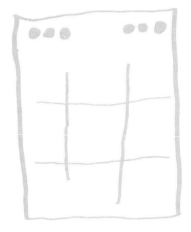

Zusammengefasst:

Die gelungene Komposition

▷ Wählen Sie eine grundlegende Form der Darstellung.

▷ Skizzieren Sie Ihre Visualisierung mit Haftnotizen.

▷ Alle Elemente wollen betrachtungslogisch platziert sein.

▷ „Gerade ist anstrengend!" Entwickeln Sie Mut zur unebenmäßigen Linienführung.

Schrift

Wer (schön) schreibt, der bleibt.

Schrift und Schreiben – so sehen es andere:

„Das Ziel des Schreibens ist es, andere sehen zu machen."

Joseph Conrad

„Auch der Erfinder der Schrift hat Schreibfehler gemacht."

Aus dem Japanischen

„Zum Schreiben braucht es nicht nur Papier, sondern vor allem einen Papierkorb."

Gerhard Uhlenbruck

„Nicht jeder, der federführend ist, kann auch gut schreiben."

Siegfried Wache

„Schreiben ist leicht. Man muss nur die falschen Wörter weglassen."

Mark Twain

„Ein Gedanke ohne Wort und ohne Schrift ist wie ein Geschäft ohne Konzept und ohne Businessplan."

Torsten Risch

INERTESANSE GESCHTICHE: Ncah eienr Sutide der Cmabridge Uinervtistät ist es eagl, in wlehcer Riehenfloge die Bcuhstbaen in eneim Wort sethen, haptsuchae der esrte und ltzete Bcuhstbae snid an der rhcitgien Setlle. Der Rset knan ttoaels Druchenianedr sein und man knan es torztedm onhe Porbelme lseen, weil das mneschilhce Gherin nhcit jdeen Bcuhstbaen enizlen leist, snodren das Wort als Gnazes.

aus dem Internet

In diesem Kapitel erfahren Sie:

▶ Wie Sie sich nach und nach eine lesbare Schrift aneignen können.
▶ Wie Sie mit (Über-)Schriften rasch und besonders gestalten können.
▶ Wie Sie einzelne Worte so betonen, dass sie wahre Kunstwerke werden.
▶ Wie inszenierte Worte zum Eye-Catcher werden.

Das geschriebene Wort

Wir sind ein ganz bestimmtes Leseverhalten und damit von Kindesbeinen an ein eindeutiges Arrangement von Worten und Buchstaben gewohnt:

▶ Aneinandergereihte Buchstaben ohne Lücken weisen auf ein Wort hin,
▶ mehrere Worte ergeben einen Satz,
▶ Großbuchstaben leiten Hauptworte oder Satzanfänge ein,
▶ ein Wort endet eindeutig,
▶ jeder Buchstabe hat eine bestimmte Form und eine genaue Ausrichtung ...

Diese Grundsätze sind uns nicht nur vertraut, sondern durch jahrelange bewusste und unbewusste Wahrnehmung tief verankert. In Workshops und Präsentationen benötigen wir eine rasche und eindeutige Schrift für unverwechselbare Aussagen. Damit beschäftigt sich der erste Teil des Kapitels.

Im zweiten Teil geht es eher um markante Aussagen: Jede Verformung, Verfremdung oder Veränderung in der Positionierung der Buchstaben lässt unseren Lesefluss stocken, irritiert unser Gehirn und lässt das Auge nach der Ursache und einer Begründung für diese Irritation forschen. Mit diesem Effekt können wir ausdrücklich spielen. Dann wird Schrift zum Eye-Catcher, regt unsere Fantasie an oder fasst schlagwortartig eine Aussage prägnant zusammen. So wird das von Ihnen Geschriebene unverwechselbar, löst beim Betrachter Emotionen aus und bleibt in der Erinnerung bildhaft präsent.

Der Weg zur deutlichen und effektvollen Schrift

Mein Archiv

1. Als Basis: Moderationsschrift

▶ Was nützen die besten Ergebnisse, die deutlichste Aussage und die gründlichste Vorbereitung, wenn Sie in der Präsentation oder im Training etwas anschreiben, das für die Betrachter schwer entzifferbar oder unleserlich ist?

▶ Wie wollen Sie überzeugend wirken, wenn Ihr Schriftbild nicht berücksichtigt, dass 10 oder 20 Menschen im Raum sind und jeder auch etwas lesen möchte?

▶ Was soll Ihr Vorgesetzter über die Fotodokumentation des letzten Meetings denken, wenn er Mühe hat, die Schrift auf den Bildern zu lesen?

Schrift, wie wir Sie in der Visualisierung einsetzen, muss zwei Kriterien erfüllen: Sie muss leserlich sein und wenig Zeit in der Vorbereitung oder beim direkten Anschreiben benötigen. Da wir nicht kalligraphisch sondern zweckorientiert arbeiten, benötigen wir eine einfache und gefällige Schrift ohne Verzierungen, Schnörkel und andere individuelle Eigenschaften. Ideal ist hier die sogenannte Moderationsschrift. Diese Blockschrift wurde populär durch die Verbreitung der Moderationstechnik (Metaplan, Neuland, Moderatio), lässt sich unkompliziert erlernen und ist hervorragend lesbar.

Sie besteht im Wesentlichen aus ...

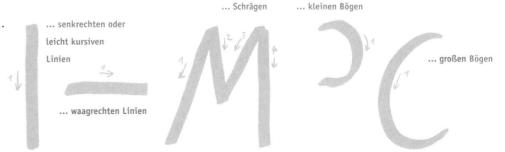

... senkrechten oder leicht kursiven Linien

... waagrechten Linien

... Schrägen

... kleinen Bögen

... großen Bögen

2. Der Weg zur Moderationsschrift in vier Schritten

1. Schritt: Das Linienschema

1/5 Oberlänge

3/5 Mittellänge

1/5 Unterlänge

Der Anfang erinnert an unsere ersten Schreibversuche in der Schule. Damals gab es ein Linienschema, in dem sich die Moderationsschrift heute ebenfalls bewegt: 1/5 Oberlänge, 3/5 Mittellänge, 1/5 Unterlänge.

Wie in Kindertagen:
In diesen Proportionen
bewegt sich die
Moderationsschrift.

Das entspricht unserer Lesegewohnheit in Druckerzeugnissen. Die meisten Druckschriften weisen in etwa diese Proportionen auf und tausende von Seiten sind uns seit frühesten Kindertagen in diesen Proportionen begegnet. Veränderte Proportionen bremsen den Lesefluss und lassen Auge und Gehirn sofort nach Erklärungen, Vergleichen und Abstraktionen suchen (was im normalen Kommunikationsverlauf eine überflüssige Arbeit ist).

2. Schritt: Die Stifthaltung

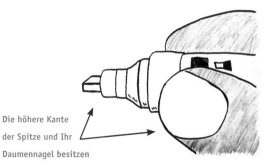

Entscheidend für die Schriftqualität ist der Stift und seine genaue Haltung. Wir benötigen Faserschreiber mit angeschrägter Spitze, die es in verschiedenen Größen bei unterschiedlichen Herstellern gibt.

Die höhere Kante
der Spitze und Ihr
Daumennagel besitzen
die gleiche Ausrichtung.

Betrachtet man die Spitze im Detail, dann sind zwei breite Kanten (oben schräg) und zwei schmale Kanten (unterschiedlich hoch) zu sehen. Umfassen Sie den Stift so, dass die höhere Kante und Ihr Daumennagel die gleiche Ausrichtung besitzen (siehe Abb. links) und zu Ihnen zeigen. Nun kann mit der Breitseite geschrieben werden und Sie holen ein Optimum aus dem Stift heraus.

3. Schritt: Die wichtigsten Merkmale einer leserlichen Schrift

Die hier abgebildete Moderationsschrift von Neuland gibt Ihnen einen guten Eindruck von Proportionen und Strichführung einer handgeschriebenen Blockschrift.

Abb: Neuland

So haben Sie bald den **BOGEN** raus:

Buchstaben mit Öffnungen sollten auch bei schnellem Schreiben offen bleiben.

Ober- und **Unterlängen** sind kurz.

Groß- und **Kleinbuchstaben** werden benutzt.

Eng beieinander stehen die Buchstaben und berühren sich teilweise sogar.

Nüchtern, ohne Schnörkel und kunstvolle Verzierungen, präsentiert sich die Schrift.

4. Schritt: Buchstaben üben

Sie kommen am Üben nicht vorbei: Erst mit der Zeit entwickelt sich eine schnelle *und* lesbare Moderations-schrift. Beginnen Sie gleich hier mit Ihren ersten Schreibversuchen.

Wichtig: Sobald Sie die richtige Haltung des Stiftes gefunden haben, drehen Sie ihn nicht mehr, sondern füh-ren ihn in dieser Haltung über das gesamte Blatt.

Oberlänge

Mittellänge

Unterlänge

Oberlänge

Mittellänge

Unterlänge

Oberlänge

Mittellänge

Unterlänge

Schrift _____

_____ *Oberlänge*

_____ *Mittellänge*

_____ *Unterlänge*

_____ *Oberlänge*

_____ *Mittellänge*

_____ *Unterlänge*

_____ *Oberlänge*

_____ *Mittellänge*

_____ *Unterlänge*

_____ *Oberlänge*

_____ *Mittellänge*

_____ *Unterlänge*

3. Eine einfache und markante Schrift: Angular

Eckig und kantig präsentiert sich mit Angular eine Druckschrift, die Sie ideal für Überschriften oder als Eye-Catcher einsetzen können. Für den „normalen Schreibbetrieb", d.h. das Schreiben oder Mitschreiben in Workshops und Präsentationen ist sie nicht geeignet.

Das macht Angular interessant:

Unebenheiten in der Schriftführung fallen insgesamt nicht auf.

Die Linien sind nicht überall geschlossen – das vermittelt Dynamik.

Angular lässt sich nach Belieben colorieren oder schattieren.

Der erste und letzte Buchstabe bestimmen die Ausrichtung. Dazwischen darf gespielt werden.

Jeder Buchstabe besitzt andere Proportionen.

Die Buchstaben scheinen sich zu überlappen und wirken dreidimensional.

Die Schrift folgt (scheinbar) keiner geraden Linie.

Angular ist die ideale Schrift für handgestaltete Plakate und Präsentationen:

▷ Sie benötigen kein Lineal und können sofort loslegen.
▷ Fehler in einzelnen Buchstaben werden dadurch verziehen, dass es nicht einen „richtigen" Buchstaben und wenig Ordnung gibt.
▷ Das Auge hat kaum stabile Orientierung und somit keine Vergleichs- oder Korrekturmöglichkeiten.

So entsteht ein Buchstabe in Angular

Der erste Strich beginnt oben und „fällt" auf die gedachte Grundlinie. Nehmen Sie in etwa die Schräge, die Sie auch bei einem normalen „A" verwenden würden.

Ziehen Sie den Stift ohne abzusetzen weiter nach rechts.

Nun können Sie absetzen und den dritten Strich neu ansetzen. Kleine Lücken sind gewollt.

Der vierte Strich wird wieder ohne Absatz gezogen. **Wichtig:** Dieser Strich beeinflusst die Breite des Buchstabens und sollte nicht zu lang sein.

Der fünfte Strich „fällt" in Richtung Grundlinie. Er trifft sie aber bewusst nicht (sonst würde hier der Eindruck der Gleichmässigkeit entstehen).

Die nächste Linie entsteht erneut ohne abzusetzen. Mit ihr bestimmen Sie nun endgültig die Breite des Buchstabens.

Kein Scherz: Auch dieser Strich wird gefällt! Es ist stets leichter, von oben nach unten zu arbeiten, als umgekehrt.

Auch hier irrte der Autor nicht: Für Rechtshänder ist dieser Bewegungsverlauf der geeignetere in der Stiftführung.

Das Schema für das Innenleben des Buchstabens ist Ihnen nun schon vertraut: Fällen, ziehen und erneut fällen.

So oder so ähnlich: Das Angular-Alphabet

Entscheidend ist nicht die perfekte Kopie, sondern die Lesbarkeit der Buchstaben.

Bei den kleinen Buchstaben sind das **a**, **g** und **e** besonders lernintensiv: Auf kleinem Raum müssen hier viele Striche und Bögen unterschiedlicher Stärke gesetzt werden.
Ein **Tipp**: „Verstecken" Sie von diesen Buchstaben möglichst viel hinter anderen.

Die großen Buchstaben: Besonders das **G** und **B** haben es in sich. Bei **S** und **Z** bewusst vorgehen. Diese verwechselt man leicht.
Der **Tipp** hierzu: Kurz die beiden Buchstaben mit Bleistift vorzeichnen (evtl. sogar ein „**?**" daneben).

Ein ganzes Wort im Detail betrachtet

Das Schöne an dieser kantigen Schrift ist das einfache Gestalten von Wörtern: Sie können die Buchstaben frei arrangieren und brauchen keine genauen Linien einzuhalten. Während des Schreibens haben Sie mehrere Gelegenheiten zur Korrektur, da Sie nicht aus einem Schwung arbeiten, sondern viele kleine Striche setzen.

Das ist bei Worten wichtig:

Die **unterbrochene Schriftführung** muss im unsichtbaren Bereich korrekt sein. Achten Sie auf Freiräume.

Das **halbe Wort** steht geschrieben. Halten Sie inne und fragen Sie sich: Wie komme ich mit dem Platz hin?

Die Buchstaben **ähneln sich in der Größe.** Dadurch, dass Sie scheinbar in unterschiedlichen Ebenen stehen, muss nicht auf Genauigkeit geachtet werden. Das „R" ist übrigens um mehr als 40% höher als das „G".

In die Dreidimensionalität müssen Sie sich hineindenken: **Was ist vorne, was hinten?**

Die **Grundlinie** ist bedeutsam für den ersten und letzten Buchstaben. Diese sollten sich an der **Linie** befinden.

Lassen Sie **klare Lücken** an den Stellen, wo sich Buchstaben berühren.

Der Stift für die **Linien** sollte **nicht zu dick** sein.

Die **Innenflächen** der Buchstaben sollten **viel Platz** besitzen. Dieser kann anschließend gefärbt werden.

Beim Schreiben von Worten in Angular sind folgende Fragen wichtig und ständig präsent:

▷ Wie breit soll das Wort insgesamt werden?

▷ Wie schließe ich am vorhergehenden Buchstaben an?

▷ Welcher Strich beeinflusst die Gestalt des Buchstabens am meisten?

▷ Wo denke ich mir meine Grundlinie?

▷ Wo lasse ich Lücken?

Angular im Einsatz als Überschrift

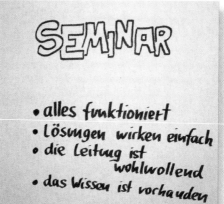

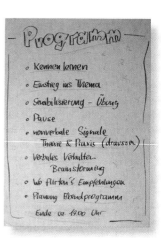

Die beiden Worte wurden großzügig und rasch geschrieben. Betrachtet man die schwarzen Linien, entdeckt man große Überlappungen und Lücken (z.B. beim „P" und „I"). Durch eine nachträgliche Colorierung mit dem Wachsblock (siehe auch Kapitel 4 – Farben, Seite 88 ff) erhalten die Buchstaben wieder Geschlossenheit. Auch der Hintergrund wurde grob eingefärbt.

Betrachtet man hier die einzelnen Buchstaben, fällt deren unterschiedliche Breite und Höhe auf. Das wäre noch deutlicher zu sehen, wenn um das „E" und das „A" ein Rahmen gezogen würde. Trotzdem bleibt das Wort insgesamt harmonisch und geschlossen.

Die „gleichmäßige Unruhe" der Überschrift durchzieht als Thema das gesamte Plakat: Es gibt keine exakte Linienführung, wenig Gerades, keine kontinuierlichen Abstände und somit wenig Haltepunkte für das Auge.

Angular im Einsatz

Wenn Sie zweizeilig schreiben, haben Sie mehr Spielraum. Das obere Wort gibt die Linie vor, das untere scheint daran aufgehängt. Auch hier sichtbar: Ungleiche Abstände und ungleiche Buchstabengrößen fügen sich insgesamt harmonisch zusammen.

Das begegnet Ihnen häufig: Einzelne Striche (hier beim „N", „R" oder „H") wirken in Teilen abweichend vom Rest der Strichführung ...

Kommt jedoch im nächsten Schritt Farbe ins Spiel, fallen einzelne abweichende Linien nicht weiter auf, sondern können wieder integriert werden.

So geht´s natürlich auch: Selbst wenn die Buchstaben untereinander stehen und sich nicht überlappen, brauchen sie nicht ebenmäßig zu sein, um einen geschlossenen Eindruck zu hinterlassen.

4. Variationen für Überschriften und markante Worte

Mal was fetter – mal mit leichter Welle …

Es muss nicht immer der große Wurf sein – schon kleine Unterschiede und große Buchstaben wirken anders und markant.

Probieren Sie unterschiedliche Stifte aus.

GROSSBUCHSTABEN

GROSSBUCHSTABEN

… oder doch lieber etwas verspielt?

Bei den Bubbels begegnen uns wieder die Grundprinzipien der gleichmäßigen Unruhe von Angular. Die Buchstaben

- ▷ berühren sich nicht,
- ▷ sind nicht geschlossen,
- ▷ haben unterschiedliche Größen,
- ▷ variieren in ihrer Lage

… und kommen zusätzlich noch in Bewegung durch ein paar ungeordnete Spritzer.

Pop-up beginnt harmlos, aber mit mehr Abstand zwischen den einzelnen Buchstaben, als das bisher der Fall gewesen ist.

Mittig in die Buchstaben gesetzte Punkte sind der erste Effekt.

Eine Linie umrandet großzügig die Buchstaben und ...

... leichte Schatten grenzen die Schrift nach unten und rechts ab.

So wirkt Pop-up
im Plakat.

5. Tipps zum Einsatz von Schriften

Tipp 1: Nahezu handgeschriebene Druckschriften fix und fertig

Handschriften gibt es natürlich auch für den Computer. Das ist praktisch, wenn man z.B. Fotoprotokolle mit handschriftlichem Touch nachbearbeiten möchte.

Comic Sans ist eine der Standard-Schriften im Microsoft Office-Paket.

Die Neuland-Moderationsschrift ist ein Klassiker und direkt bei www.neuland-online.de zu kaufen.

Die Schrift zur Moderationssoftware PinKing gibt es als Download mit einer Demo dieser nützlichen Software.

Marking Pen erwirbt man zusammen mit hunderten anderer Schriften in der Clip-Art-Sammlung von IMSI.

Abb: Neuland

Tipp 2: Linienführung

Probieren Sie die Linienführung Ihrer neuen Moderationsschrift mit einer gedruckten Vorlage.

Tipp 3: Blattaufteilung

Spielen Sie die genaue Aufteilung der Schrift erst einmal am PC durch. So entwickeln Sie ein Gefühl für die Verteilung und den Platzbedarf. (Und ganz nebenbei entsteht Ihr kleines Plakatarchiv.)

Anschließend den Ausdruck einfach aufs Plakat übertragen.

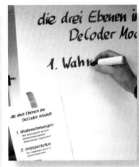

Tipp 4: Worte sortieren

Sie kennen das: Irgendwie ist immer zu wenig Platz auf dem Papier! Dem können Sie durch eine einfache Vorab-Überlegung entgegenkommen. Sortieren Sie die Worte Ihres Textes der Größe nach:

▶ zum
  ▶ Herzlich
    ▶ Kunde X
      ▶ Juni 2006
▶ Workshop
  ▶ Willkommen
    ▶ Innovationsmanagement

Das kritischste (sprich: längste) Wort schreiben Sie auf einen Schmierbogen vor und fixieren es.

6. Bildworte und arrangierte Buchstaben

Das Ziel der Visualisierung in Seminaren, Veranstaltungen und Präsentationen ist die klare, unmissverständliche und rasche Information. Der Betrachter soll sich leicht und intuitiv zurechtfinden. Er soll eine Harmonie in der Gestaltung erleben, die mit der Aussage korrespondiert und zum Betrachten einlädt. Alle Gestaltungselemente unterstützen dieses Ansinnen.

Auf diese Weise beschäftigen sich Betrachterinnen oder Betrachter mit dem verfremdeten Wort. Das nach Ordnung strebende Gehirn bemüht das Auge, sich das entsprechende Werk gründlicher zu betrachten und die Auseinandersetzung beginnt: Welche Zusammenhänge bestehen zwischen genau diesem Arrangement der Buchstaben und dem Kontext, in dem das Wort genutzt wird? Mit Bildworten und arrangierten Buchstaben nutzen wir diesen Effekt als Eye-Catcher für Präsentationen und Start-Plakate.

Positionieren Sie die Buchstaben neu, und schon wird Ihr Begriff zum Programm.

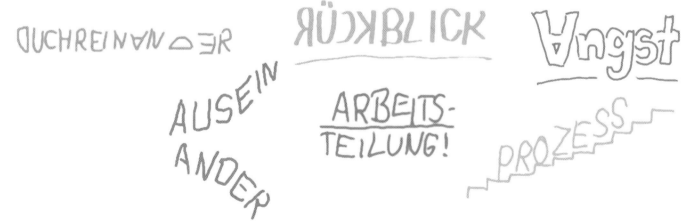

Erstaunlich, was in manchen Begriffen bei genauer Betrachtung so drinsteckt! Die kreative Leistung besteht lediglich darin, das „neu entdeckte" Wort durch variierte Schrift, Schatten oder Färbungen deutlich hervorzuheben.

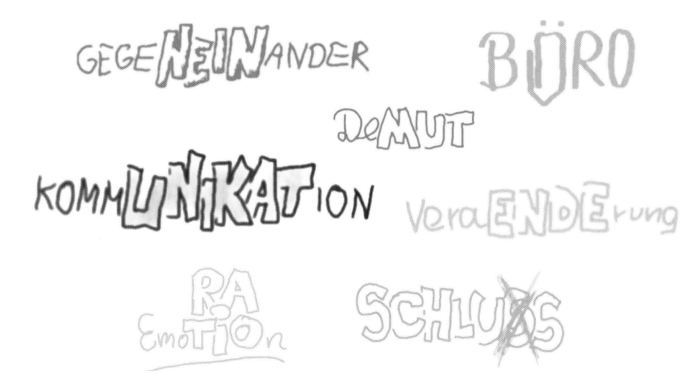

Mein Archiv für Gestaltungsideen von Schriften

Mein Archiv für Gestaltungsideen von Schriften

Zusammengefasst:

Der Weg zur deutlichen und effektvollen Schrift

- ▷ Üben Sie wie damals als Kind: langsam, mit Linien und immer wieder von vorne.
- ▷ Greifen Sie stets zum richtigen Stift: breit mit abgeschrägter Spitze.
- ▷ Vor dem ersten Strich muss das Blatt im Kopf/in der Vorlage aufgeteilt werden.
- ▷ Auch hier gilt: „Gerade ist anstrengend!" Entwickeln Sie Mut zur unebenmäßigen Linienführung.
- ▷ Steckt vielleicht ein Wort in Ihrem Wort? Greifen Sie das als Eye-Catcher heraus.

Farben

Wähle Farben, wenn Du mehr sagen willst.

Mit Farben arbeiten – so sehen es andere:

„Farben sind das Lächeln der Natur."

William Holman Hunt

„Bunt ist meine Lieblingsfarbe."

Walter Gropius

„Die Farbe ist der Ort, wo unser Gehirn und das Weltall sich begegnen."

Paul Cézanne

„Jeder gibt seine Farbe, so wird unsere Zeit bunt."

Manfred Hinrich

„Für Schwarz-Weiß-Denker hört die Welt dort auf, wo sie bunt zu werden beginnt."

Ernst Ferstl

„Wenn Sie alles bunt machen, verliert die Farbe ihre Freude, sie wirkt nur noch unangenehm."

Friedensreich Hundertwasser

„In Deutschland feiern wir lieber weiße als grüne Weihnachten, in Hongkong feiern mehr Gelbe als Weiße Weihnachten, in Afrika feiern viele Farbige Weihnachten und nur wenige Weiße grüne Weihnachten!"

Loriot

In diesem Kapitel erfahren Sie:

▷ In welcher Form Sie Farben angeboten bekommen.
▷ Wie Sie mit Farbe Ihre Aussagen verstärken können.
▷ Wie Sie Farben sparsam, aber gezielt einsetzen können.
▷ Wie Sie Farben auf das Papier bekommen.

Die Farbe

Farben sind Bedeutungsträger und begegnen uns sowohl zufällig zusammengestellt (in Umwelt und Natur), als auch bewusst gewählt (in der Werbung, auf Hinweistafeln und Schildern, am Arbeitsplatz und in der Wohnumgebung). Auch bei Farben haben wir seit der Kindheit viel gelernt und unser Gedächtnis hat Erfahrungen, Hinweise und Gefühle mit Farben verbunden und entsprechend abgespeichert:

▷ Begegnen uns (signal-)rot gefärbte Erkennungszeichen, reagieren wir aufmerksam und fokussiert,
▷ sehen wir schwarze Schrift auf gelbem Hintergrund, assoziieren wir ein Gefahrenthema,
▷ die Atmosphäre, die ein in Pastelltönen ausgestaltetes Kinderzimmer ausstrahlt, verändert sofort unsere Gangart und die Lautstärke unserer Gespräche,
▷ die Farbkombination rot-grün-blaues Schottenkaro ist undenkbar als Farbthema beim Oktoberfest in München.

Das vorliegende Kapitel beschäftigt sich damit, wie wir solche Erfahrungswerte nutzen können, um in der Visualisierung unsere Botschaften stimmig zu akzentuieren. Entscheidend ist die Passung: Farbe und Botschaft müssen übereinstimmen. Gegenläufig oder unlogisch gewählte Farben lösen bei uns (unterschwellig) Verunsicherung und Misstrauen aus. Das Thema Farbe hat jedoch auch eine sehr realistische Seite: Es gibt Stifte und Materialien nur in bestimmten Farben und niemand würde hingehen und sich vor einer Präsentation Farben anmischen oder Moderationskarten anfertigen lassen, die eine bestimmte Tönung besitzen. Aus dem wenigen Vorhandenen viel Effektvolles zu machen, ist daher das zweite zentrale Thema dieses Kapitels.

Der Weg zum ausgewählten Einsatz von Farben

 Mein Archiv

1. Farben wirken

Die Abbildung des spanischen Baustellenschildes rechts verdeutlicht Grundprinzipien, die sich die visuelle Kommunikation zunutze macht:

- ▷ Gleich eingesetzte Farben besitzen stets einen identischen Sinnzusammenhang,
- ▷ starke Kontraste stehen für deutliche Botschaften (Warnhinweise sind stärker im Kontrast und wirken stärker als Gebote),
- ▷ die Farben füllen in den einzelnen Zeichen den Hintergrund, Schriften und Motive sind einheitlich schwarz oder weiß gehalten,
- ▷ die Farben haben keine Verläufe, sie sind vollflächig und (was natürlich nicht primär zum Thema Farben gehört)
- ▷ die Zeichen sind eindeutig, ohne Text und sprechen für sich.

Zur Wirkung von Farben gibt es eine Vielzahl von Betrachtungen (siehe auch das Literaturverzeichnis im Anhang, S. 252 ff), die sich in Ihrer grundsätzlichen Aussage und Deutung ähneln:

- ▷ Farben werden von Menschen (auch unterschiedlicher Kulturkreise) ähnlich empfunden und sprechen auf der Gefühlsebene an.
- ▷ Farben werden überall mit Bedeutungen belegt, die aber in unterschiedlichen Kulturkreisen differieren und sogar gegenläufig sein können.
- ▷ Farben werden auch politisch ge- und missbraucht. Sie bieten sich durch ihre einfache Handhabung dafür an.
- ▷ Farben werden mit einer gewissen Häufigkeit von Menschen in einem Kulturkreis (und geschlechts- oder altersunabhängig) gleich verstanden.
- ▷ Farben transportieren Werte (z.B. Gold), Vorlieben (Lieblingsfarben), werden zur psychologischen Deutung genutzt (tiefenpsychologische Tests), zeigen die Zugehörigkeit zu Gruppen (in Uniformen und Modefarben) – sie sind bewusst und unbewusst ständige Begleiter unserer persönlichen, sozialen und beruflichen Welt.

Was ist für den Einsatz von Farben in der Visualisierung wichtig?

Nutzen Sie Farben in erster Linie zur Verdeutlichung.

Eine Farbgebung (das Farbschema) wird vom Betrachter rasch aufgenommen und sollte dann von Ihnen auch beibehalten werden. Es entsteht eine Erwartungshaltung, die nicht verunsichert werden sollte.

Schreiben Sie stets mit schwarzen Stiften. Schwarz als Schriftfarbe wirkt seriös und kompetent. Farbige Schrift hat eine geringere Fernwirkung und wirkt kreativ und eigen.

Farben erhöhen sofort den Grad der Aufmerksamkeit.

Farben lenken den Blick des Betrachters automatisch und eindeutig auch über mehrere Seiten hinweg.

Es geht mehr um Farbakzente, als um ein künstlerisch gestaltetes Werk.

2+1 ist das Ziel: nicht mehr als zwei Farben plus Schwarz im Dauereinsatz.

Farben können
– differenzieren,
– gruppieren,
– Zusammenhänge aufzeigen.

Der Sinn von Farbwechseln oder Zusatzfarben muss deutlich sein oder erläutert werden.

Achten Sie stets auf das Endergebnis! In vielen Fällen kommt heute nach der Präsentation die Dokumentation.

Ihre individuelle Farbsprache

In Präsentationen und Moderationen dient die Visualisierung der raschen Orientierung. Ihre Betrachter sollen sich blitzschnell zurechtfinden und farbunterstützt verstehen, was Ihre Botschaft ist. Entscheiden Sie sich daher für *eine* Vorgehensweise, die Sie dann kontinuierlich beibehalten.

Das wirkt im ersten Moment wenig kreativ, birgt jedoch viele Vorteile in sich:

▷ Es entsteht eine vertraute Ordnung,
▷ Sie können noch nach Jahren Ihre eigenen Fotoprotokolle in kürzester Zeit verstehen und erinnern,
▷ Ihr persönlicher Stil wird von den Teilnehmern als professionell erlebt (und nicht: Mal macht er/sie was Wichtiges in Blau und beim nächsten Mal in Grün?!),
▷ die Teilnehmer beschäftigen sich mit Ihren Botschaften und werden nicht durch „moderne Kunst" abgelenkt,
▷ Sie selbst müssen sich nicht jedes Mal mit der Frage „Welche Farbe nehme ich denn jetzt?" beschäftigen.

Ihre individuelle Farbsprache hat jedoch (wie bei jedem Markenauftritt) Konsequenzen. Sie müssen sich am Anfang für einen Entwurf entscheiden und diesen dann beibehalten. Bei mir persönlich geht diese Konsequenz soweit, dass ich für Visualisierungen auch stets die gleichen Produkte kaufe.

Das Schema auf der folgenden Doppelseite kann bei der Entwicklung Ihrer individuellen Farbsprache helfen. Es basiert auf der Farbskala und den Aussagen der Neuland-Moderation und ist durch Erkenntnisse aus weiteren Kommunikationsworkshops erweitert worden. Die Farbe grau ist als Ergänzung hinzugekommen, da in vielen Kommunikations- und Veränderungsprozessen negative Aussagen einen Platz (und eine passende Farbe) benötigen. Auf Orange verzichte ich weitgehend, es liegt im Farbkreis in unmittelbarer Nähe zu Rot und Gelb und ich finde es praktischer, hier auf einen deutlichen Kontrast zu setzen.

blau	**gelb**	**weiß**	**rot**

Wirkung			
• desintegrierend	• Bewegung	○ Anfang	• bewusstes Wollen
• kalt, passiv	• expansive Eigenart	○ Einfachheit, Klarheit	• dynamisch, kraftvoll
• Konzentration	• intellektuelle Kraft	○ leer	• geistig belebend
• leidenschaftslos	• kommunikativ	○ Neues	• Leidenschaft,
• seriös	• kreativ, aktiv	○ Vergessen	Erregung
• Vertiefung	• leicht		• Spannung
• Wahrheit	• sanft reizend		• stark aktivierend

Einsatz			
• Einteilungen	• Details	○ Fehlendes, zu	• Bereiche
• Fakten präsentieren	• Erfahrungsaustausch	Klärendes	• Muss
• Informationen geben	• Ideenfindung	○ Fragen	• Regeln
• Oberpunkte	• Konkretisierung	○ offene Punkte	• Überpunkte
• Sachen	• Kreativitäts-Techniken	○ Organisation fest-	• Vereinbarungen
• Themen	• Unterpunkte	legen	• wichtig
• Wissensvermittlung	• Wissen sammeln	○ Rahmen beschreiben	• Widersprüche

grün   **grau**

		Wirkung
• ausgleichend, be-ruhigend	• Bedrohung	
• bleibend	• Depression, Trauer	
• Gleichgewicht	• schwer	
• Mitgefühl	• überdecken	
• passiv	• Unruhe	
• Sicherheit	• unsichtbar machen	

		Einsatz
• Erkenntnisse visu-alisieren	• Gegenpositionen	
• gefällt	• Mängel	
• Kompromisse finden	• negative Kritik	
• Konsens festhalten	• Probleme	
• positives Feedback	• Störungen	
• Wünsche, Hoffnungen	• Tadel	

Und noch ein wenig Farbverwirrung: Wenn Sie Moderationsmaterial bestellen, dann ordern Sie laut Liste z.B. die Karten-farbe „rot" und erhalten je nach Hersteller Moderationskarten zugeschickt, die zwischen einem zarten Rosa und einem kräftigen Backsteinrot variieren.

Lassen Sie sich nicht verwirren: Entscheidend ist für die Farbsprache in der Moderationsarbeit die Anmutung der Farbe und nicht die exakte Tönung.

2. Schnell und einfach färben mit Blöcken und Kreiden

Zwei Materialien stoßen in der raschen Visualisierung auf immer mehr Begeisterung: Sie sind nützlich, halten lange, kosten wenig (ca. 10 Euro) und lassen sich auf allen Papier-Medien (Flip-Chart, Pinwand, sämtliche glatten Papiere) einsetzen.

Stockmar Wachsblöcke

Jaxell Pastellkreiden

Wie geschaffen: Beide Materialien haben in etwa das Format von Moderationskarten und passen damit in jeden Moderationskoffer.

Die Stockmar-Wachsblöcke aus Bienenwachs sind ein langlebiges Material und besonders gut als „Textmarker" zu benutzen. Mit der breiten Kante lässt sich die Farbe einfach auftragen, ohne zu dunkel zu wirken.

+ Nach der Anwendung bleiben die Finger sauber.
+ Jede Farbe kann blass oder nahezu deckend genutzt werden.
– Steht das Auto ungünstig und die Wachsblöcke liegen in der Sonne, verformen sie sich etwas.

Bezug: gute Schreibwarengeschäfte, Spielwaren-Fachhandel, Ausstatter Kindergärten & Schulen, Internet: www.labbe.de

Jaxell Pastellkreiden bieten sich an, wenn es etwas künstlerisch-kreativer werden soll. Sie besitzen hohe Leuchtkraft und selbst große Flächen lassen sich mit ihnen flächig sauber gestalten.

+ Bestens geeignet für saubere Farbübergänge.
– Kreide rieselt: An den Fingern, auf dem Boden und manchmal auch an der Kleidung bleiben Farbreste zurück.
– Muss abschließend fixiert werden (Fixativ-Spray oder das kostengünstigere Haarspray).

Bezug: Künstler- und Grafikbedarf, gute Schreibwarengeschäfte, Internet: www.Gerstaecker.de

Und so wenden Sie die Farben an

Wachsblöcke

▷ Striche, Linien,
Füllungen:
Der Wachsblock wird mit
der Kante (wahlweise
schmal oder breit) auf-
gesetzt und mit wenig
Druck (!) über das Pa-
pier geführt. Mehr Druck
oder ein zweiter Farb-
auftrag lassen die Farbe
dichter werden.

▷ Flächen:
Hier ist etwas Übung
erforderlich und ein sehr
gleichmäßiger Druck auf
das Papier. Probieren Sie
auch die Variante mit
kleinen kreisenden Be-
wegungen.

Pastellkreiden

Sie beginnen stets mit
einem Strich, der die
Farbe auf das Papier
„transportiert". Dann
verwischen Sie die Krei-
de mit dem Finger ...

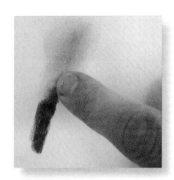

... oder mit einem möglichst weichen Papiertuch (z.B.
Kosmetiktuch). So erhalten Sie eine gleichmäßige Farb-
gebung. Achtung: „harte" Papiere hinterlassen in der
Farbfläche ihre Spuren.

Der Wachsblock in Aktion

Aufzählungspunkte

Schnell gemacht in jeder Farbe: der Aufzählungspunkt. Jeder Punkt hat eine leicht unterschiedliche Form und Färbung – das passt zu der Schrift und erzeugt Dynamik.

Unterstreichen

Beim kurzen dynamischen Strich zeigt sich ein weiterer Vorteil gegenüber dem Unterstreichen mit einem Faserschreiber: Die Farbe wirkt nicht so wuchtig.

Rahmen

Erst außen die breite Kante des Wachsblockes mit wenig Druck, dann innen die dünne Kante mit viel Druck zeichnen. So entsteht eine markante Abgrenzung.

Textmarker

Für die Textmarker-Funktion empfehlen sich vor allem Gelb und Hellgrün. Schon springen Ihre Botschaften dem Betrachter entgegen. Andersherum leuchtet es ebenfalls: Lassen Sie das entscheidende Wort frei.

Die Pastellkreiden in Aktion

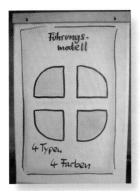

Große Flächen füllen

Die Leuchtkraft der Kreiden kommt besonders in der Fläche zur Geltung. So lassen sich z.B. große Schriften, Grafiken und Logos übertragen und gut mit Kreide colorieren.

Schrift zart schattieren

Überschriften und markante Begriffe treten hervor, wenn Sie von einem leichten Schatten begleitet werde. Anders als in der Natur kann der mit den Pastellkreiden angelegte Schatten auch farbig sein.

Farbübergänge schaffen

Mit verschiedenen Farbschichten lassen sich Schattierungen anlegen. Einfache Symbole wirken dadurch plastisch. Wichtig dabei: Stets mit der hellsten Farbe beginnen und dann Schicht für Schicht immer dunkler werden.

Zu Beginn wird die Schrift (hier Angular, siehe Kapitel 3 – Schrift, S. 64 ff) mit schwarzem Faserschreiber aufgebracht.

Die erste (hellste) Farbschicht ist gelb. Sie füllt den gesamten Buchstaben. Als nächstes kommt Orange, das den Buchstaben ca. zur Hälfte bedeckt. Braun und zum Schluss Violett tauchen nur noch an den Rändern auf und deuten einen Schatten am Buchstaben an.

Am fertigen Wort wird dann noch ein Schatten angedeutet (hier: rechts vom Buchstaben und unterhalb der einzelnen Buchstaben in einem zarten Grau).

3. Farbige Stifte im Einsatz

Normalerweise begegnet Ihnen in Form von Faserschreibern der Standard: Schwarz, Blau, Rot und Grün. Jedes Set an Folienstiften, jeder Moderationskoffer, viele Supermärkte und erst recht jedes Schreibwarengeschäft hat diese Grundausstattung parat. Mischen lassen sich die Farben von Faserschreibern nicht, für die farbliche Anwendung bleiben also nur beschränkte Möglichkeiten.

Blau begleitet. In der Natur ist Blau selten zu finden, tritt eher zurück und steht für Ferne, Horizont und Weite. Als Schreibfarbe möglich, aber nicht für lange Texte auf weißem Hintergrund. Wirkt in Kombination mit Rot unruhig und pulsierend.

Faserschreiber sind zum Schreiben. Nutzen Sie sie mit genau dieser Stärke.

Schwarz ist die Farbe zum Schreiben – sowohl bei Ihnen, als auch bei den Teilnehmern. Geben Sie allen Teilnehmern dieselben Stifte und mischen Sie nicht, denn dadurch lassen Sie Deutungen und Prioritäten entstehen (Chef unterzeichnet stets grün, der Rotstift wird angesetzt und hebt hervor, königsblau adelt).

Grün ist funktional. Ob Ampel, Billardtisch oder Pflanzenwachstum: Da passiert was. Der grüne Stift unterstreicht Ergebnisse, markiert Prozesse, gibt freie Fahrt und schraffiert positive Aussagen. Grüne „Spritzer" rund um Worte wirken freundlich und auch ein Hintergrund kann mit kleinen grünen Schlenkern gefüllt werden.

Die Lesbarkeit ist das oberste Gebot beim Einsatz der Faserschreiber. Entfernen Sie schwächelnde Kandidaten sofort.

Rot setzt Akzente und signalisiert. Als Schreibfarbe ist es im Dauereinsatz undenkbar, weil am schlechtesten lesbar. Mit Rot wird unterstrichen und angestrichen, eingekreist und Wolken gebildet. Der rote Marker setzt im Zusammenspiel mit Schwarz, Blau und Grün jeweils die stärksten Kontraste.

Finden Sie Ihren Favoriten unter den Markern. Einer der Besten: Uni Prokey von Faber-Kastell (Satt in der Farbgebung, schlägt nicht durch das Papier, robustes Vorderteil, langlebig).

Der Marker in Aktion

Hohe Leuchtkraft: Der rote Schatten am schwarzen Buchstaben. Aber aufpassen: Setzen Sie keine roten Schatten an blaue Schrift. Die Komplementärfarben wirken so nahe beieinander unruhig.

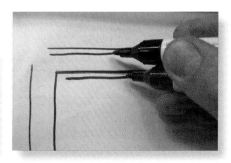

So geht es auch: Wenn kein breiter Stift da ist, umrahmen zwei dünne gleichmäßig das Blatt. Wichtig dabei: Bei der zweiten Strichführung die oberen und unteren Linien dicht beieinander platzieren.

Aufzählungspunkte können auch so aussehen.

Spritzer geben einen bewegten Rahmen – auch wenn keine weitere Farbe vorhanden ist. Setzen Sie den Stift innen an und „spritzen" Sie dann nach außen.

Die Schraffur besteht aus verdichteten Strichen auf der Schattenseite des Objekts. Fangen Sie auch hier am Objektrand an.

Tupfer als Schatten im Buchstaben und Speedlines aus der Comic-Welt bringen die Buchstaben in Bewegung (siehe auch Kapitel 6 – Akzente, S. 134 ff).

4. Fix und fertig im Angebot: farbige Karten

Moderationskarten sind weit verbreitet und ein weiteres Mittel zur optischen Anregung und Informationsunterstützung. Sie sind allerdings begrenzt durch ihre Größe und können zwar verkleinert, jedoch in der Fläche nicht erweitert werden (es sei denn, Sie montieren mehrere Karten aneinander).

Farbige Moderationskarten gibt es von verschiedenen Herstellern mit unterschiedlichen, aber stets in sich harmonierenden Farbskalen.

Das Schöne an den Karten: Sie sind stets in der gleichen Farbtönung vorhanden. Und wenn Sie den Hersteller nicht wechseln – sogar über Jahre!

Farbige Moderationskarten sind meistens leicht getönt und lenken dadurch nicht vom Inhalt ab. Eine Ausnahme bilden Neuland-Moderationskarten: Sie besitzen eine kräftigere Farbgebung, was zu vielen Aussagen einfach besser passt.

Noch stärker als bei Schriftfarben: Sobald Sie die Kartenfarbe wechseln, vermutet der Betrachter einen Sinnes- oder Bedeutungswechsel. Das gilt sowohl für Moderation als auch für Präsentationen.

Farbige Moderationskarten eines Herstellers harmonieren auch dicht beieinander, ohne dass irritierende Effekte entstehen.

Farbe in Form: Wer mit offenen Augen durch die Welt der Gestaltung geht, findet „fertige Effekte" wie z.B. Moderationspeople oder Haftnotizen in Pfeilform.

Sind Ihnen die angebotenen Farben zu blass, können Sie einen Comic-Effekt nutzen: Durch eine Umrandung mit einem dünnen schwarzen Marker wirkt das Farbfeld intensiver.

Wenn Ihnen die im Moderationskoffer angebotenen Farben und Formen nicht ausreichen, lohnt sich der Besuch im Fachgeschäft. Dort finden Sie vom dünnen Tonpapier, über Plakatkartons bis zum Leuchtkarton nahezu jede Tönung.

Einfache Effekte: Karten in Aktion

Eine dünne Linie mit dem Faserschreiber schafft einen stärkeren Kontrast. Der Zusatz-effekt: Die geraden Kanten verschwinden, die Karte wirkt nicht mehr so statisch und etwas sympathischer.

Geht schnell und wirkt immer: zwei Karten hintereinander plat-ziert. So hat man rasch eine Überschrift gestaltet. Die Abbildung macht außerdem deutlich, dass sich je nach Auswahl der Farben auch die Lesbarkeit der blauen Schrift verändert.

Das Basismaterial kommt aus dem Moderationskoffer: Große Kreise, Kle-bepunkte und ein Faserschreiber ...

... daraus entsteht eine Phase aus dem Teammodell.

Keine großartige künstlerische Leistung, sondern eine kleine Gestaltungsidee. Solche Eye-Catcher sind schnell gemacht und wirken interessant.

5. Beispiele für das Arbeiten mit Farben

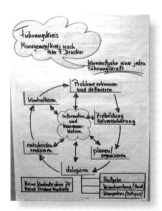

Eine stimmige Wahl der Farbgebung: Die Schriftfarbe ist schwarz, die Positionen im Kreis wurden grün hinterlegt, sachliche Pfeile sind blau gestaltet und die Details im unteren Teil ebenfalls.

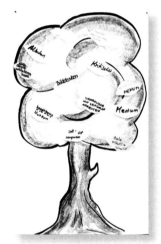

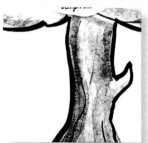

Beim Erkenntnisbaum (Erklärung im Kapitel 10 – Spiele, S. 238 f) wird eine weitere Stärke der Colorierung deutlich: Man benötigt nur wenige Linien mit dem breiten Marker, den Rest erzeugt der Wachsblock. In der Baumkrone wurde mit hellgrünen Schwüngen begonnen, zwei dunkler werdende Grüntöne schlossen an und zum Schluss wurde Schwarz ergänzt.

Der Baumstamm besteht aus folgenden Schichten: 1. Orange, 2. helles Braun, 3. Rot, 4. dunkles Braun, 5. Schwarz. Orange und Rot sorgen für mehr Leuchtkraft und ergänzen sich gut mit den Brauntönen.

Eine runde Sache: Passend zu den Klebepunkten kommen die orangen Moderationskuller daher. Die Gesichtsausdrücke sollte man vorher üben – schauen Sie im Detail hin: Diese hier bestehen lediglich aus Augen (zwei Ovale), Nase (zwei Punkte) und Mund (ein langer und zwei kurze Striche). Siehe auch Kapitel 7 – Menschen, S. 164 f.

Soviel Arbeit lohnt nur, wenn man ein Motiv häufiger einsetzt. Dieser Hamburger in Pinwand-Format wurde vergrößert, auf selbstklebendes Material gezogen und dann mit Wachsmalern coloriert.

Hier mischen sich gleich mehrere gute Umsetzungen:

▶ Die weiße Moderationskarte dient als Träger des Textes, eine zweite nimmt das Motiv auf.

▶ Die Buchstaben der Überschrift sind blau, kontrastierend wurde rot unterstrichen (Blau und Rot berühren sich nicht, so entsteht keine Unruhe).

▶ Das Motiv „Pfeil mit Punkt" ist einfach gestaltet und passt zum Thema.

As you like it: Wird die Überschrift nur farbig hinterlegt (siehe unten), bleibt man sehr flexibel in der Wortwahl und Schriftgestaltung. Etwas eingeengter, aber dafür mit höherer Leuchtkraft ist das Schild in leuchtend-grünem DIN-A4-Karton (siehe oben).

Platz für einen markanten
Titel und gleichzeitig viel
Dynamik: Bei dieser Anlehnung an die Comic-Welt wird
die Farbe außen angesetzt
und die Mitte bleibt frei.

Das ist wirklich Stress: Die
Schrift bebt, die rot-braune
Farbe bedroht und das alles
wirkt auf das sanftblaue,
rund geformte Menschlein
ein ...

 **Mein Archiv für colorierte Ideen**

Mein Archiv für colorierte Ideen

Mein Archiv für colorierte Ideen

Zusammengefasst:

Der ausgewählte Einsatz von Farben

▷ Eignen Sie sich eine durchgängige Farbsprache an. Das wirkt professionell, verkürzt Vorbereitungszeit und hilft dem Betrachter beim Verständnis.

▷ Setzen Sie schwarze Marker für die Schrift ein. Farbige Marker unterstützen nur punktuell.

▷ Erst die Schrift und dann die Farbe: Mit Wachsblöcken oder Pastellkreiden kann gefärbt, markiert oder akzentuiert werden.

▷ Moderationskarten mit ihrer Fülle von Größen und Formen setzen markante Punkte.

▷ Bleiben Sie insgesamt sparsam in der Färbung. Im Vordergrund der Visualisierung steht stets die Botschaft.

Formen

Nutze Deine Ecken und Kanten.

Mit Formen gestalten – so sehen es andere:

„Wie fruchtbar ist der kleinste Kreis, wenn man ihn wohl zu pflegen weiß."   *Johann Wolfgang von Goethe*

„Manche Formen sind nicht zu übertreffen. Fragen Sie das nächstbeste Huhn."   *Text aus der Werbung*

„Ich halte die Symbolsprache für die einzige Fremdsprache, die jeder von uns lernen sollte."   *Erich Fromm*

„Die Form ist alles. Sie ist das Geheimnis des Lebens."   *Oscar Wilde*

„Zuerst die innere Haltung, dann die äußere Form! Es ist wie beim Malen, wo man die Glanzlichter
zuletzt aufsetzt."   *Konfuzius*

„Durch die Form wird auf das Ganze des Menschen, durch den Inhalt hingegen
nur auf einzelne Kräfte gewirkt."   *Friedrich von Schiller*

„Form follows function."   *Louis Sullivan*

In diesem Kapitel erfahren Sie:

▷ Welche Grundformen Ihnen stets begegnen.
▷ Was Sie aus den Grundformen alles machen können.
▷ Wie Sie die Grundformen einfach kombinieren und ergänzen.

Die Formen

Schaut man genau hin, so sind es doch nur ein paar Grundformen, die in Visualisierungen immer wieder auftauchen, verändert und kombiniert werden. Sie können positiv vorhanden sein, d.h. ganz bewusst von Ihnen so dargestellt, oder negativ, dann wirken die Zwischenräume oder Hintergründe mit.

Dieses Kapitel bringt Ihnen die Grundformen näher und zeigt Ihnen Variationen sowohl der einzelnen Form als auch in der Anordnung zueinander.

Gerade wenn Sie von sich den Eindruck haben, die figürlich-exakte Darstellung würde nicht ganz zu Ihnen passen, finden Sie in diesem Kapitel Anregungen, wie man allein durch das Spiel mit den Formen die eigenen Aussagen markant unterstreichen kann.

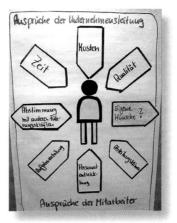
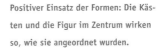

Positiver Einsatz der Formen: Die Kästen und die Figur im Zentrum wirken so, wie sie angeordnet wurden.

Negativ eingesetzt (aber nicht negativ gemeint!): Die Glasscheiben des Fensters und der Hintergrund wirken, obwohl sie weder coloriert noch mit einer Landschaft oder einem ähnlichen Hintergrundmotiv gefüllt wurden.

Der Weg zur Gestaltung mit Formen

Mein Archiv

1. Klein, aber fein: der Punkt

Der Punkt ist das kleinste Element im Reich der Formen. Er wird gesetzt und sagt damit schon etwas über seine Wirkung: Pointiert!

Er zieht die Aufmerksamkeit auf sich und steht im Mittelpunkt.

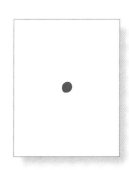

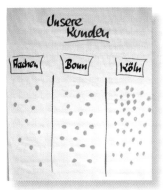

Der Punkt als Eye-Catcher integriert ins Wort. Die deutsche Sprache bietet ein paar Redewendungen an, die sich gut visualisieren lassen: Mittelpunkt, Pünktlichkeit, auf den Punkt gebracht.

Das lässt sich natürlich auch mit Kennzahlen oder Balken darstellen. Die Assoziation „Punkt = Kunde" besitzt jedoch eine ganz andere Aussagekraft.

Hier verdeutlicht der Punkt eindeutig bestimmte Systeme – und im Vergleich zu einer getexteten Aussage in einer wesentlich schnelleren Zeit.

Kleiner Punkt, aber nicht wirkungslos. So verändert ein Punkt den Raum.

2. Unverzichtbar und variabel: die Linie

Als Verbindung zwischen zwei Punkten kommt sie wahlweise gerade, geschwungen oder unterbrochen daher. So einfach sie zu zeichnen ist, so präzise überlegt muss ihr Einsatz sein. Denn vom Betrachter wird in sie ganz schnell und intuitiv etwas hineingedeutet: Ein Unterstrich weist auf etwas Besonderes hin, eine Trennlinie grenzt etwas ab, eine Welle verrät Schwung und eine Spirale repräsentiert Dynamik.

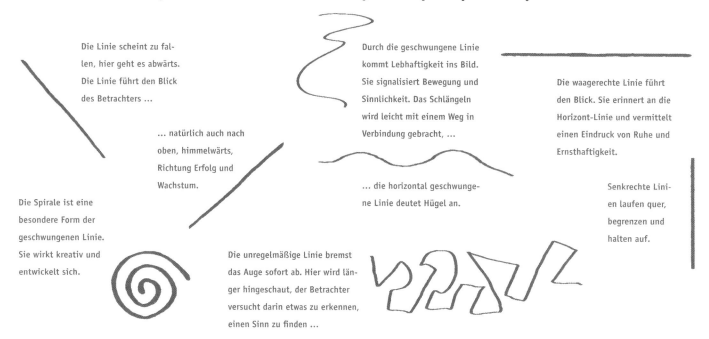

Die Linie scheint zu fallen, hier geht es abwärts. Die Linie führt den Blick des Betrachters ...

... natürlich auch nach oben, himmelwärts, Richtung Erfolg und Wachstum.

Durch die geschwungene Linie kommt Lebhaftigkeit ins Bild. Sie signalisiert Bewegung und Sinnlichkeit. Das Schlängeln wird leicht mit einem Weg in Verbindung gebracht, ...

... die horizontal geschwungene Linie deutet Hügel an.

Die waagerechte Linie führt den Blick. Sie erinnert an die Horizont-Linie und vermittelt einen Eindruck von Ruhe und Ernsthaftigkeit.

Die Spirale ist eine besondere Form der geschwungenen Linie. Sie wirkt kreativ und entwickelt sich.

Die unregelmäßige Linie bremst das Auge sofort ab. Hier wird länger hingeschaut, der Betrachter versucht darin etwas zu erkennen, einen Sinn zu finden ...

Senkrechte Linien laufen quer, begrenzen und halten auf.

Die Linie im Einsatz

 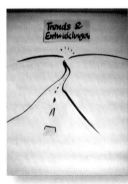

Vertriebsziele, Perspektiven für das eigene Team oder Trends und Entwicklungen: Es muss nicht für jedes Ihrer Themen ein eigenes Motiv sein. Glaubhaft und passend wirken alle hier gezeigten Kombinationen.

Die Linienführung ist einfach; richtig wirkungsvoll wird das Motiv jedoch durch die angedeuteten Fahrbahnmarkierungen und die Spritzer im Hintergrund.

Wenig künstlerischer Aufwand, aber dennoch eine eindeutige Aussage. Die Linien grenzen ein, ohne das Motiv statisch erscheinen zu lassen. Bei der Herstellung wurden die Glieder des Zollstocks mit einem Pappstreifen und Bleistift vorgezeichnet, die Umrisse sind dann wieder frei nachgezogen worden.

Schritt für Schritt zum effektvollen Motiv

Kein Hexenwerk, sondern schlichtweg logisches Vorgehen: Die Papierrolle kann bald eines Ihrer Standardmotive werden. Wenn Sie erst einmal das Grundprinzip und den Aufbau verinnerlicht haben, geht's ganz leicht. Folgen Sie einfach Schritt für Schritt der Anleitung.

Zu Beginn eine Spirale links oben im Blatt. (Kopieren Sie exakt die hier gezeigte Rundung von innen nach außen.)

Die Spirale wird durch eine geschwungene Linie nach unten verlängert. Dort wird sie noch einmal kurz eingedreht.

Die Oberkante entsteht als nächstes ...

... und parallel dazu die Unterkante. Der Ansatzpunkt an der Spirale ist jeweils dort, wo sich die Papierrolle scheinbar aus dem Blick des Betrachters entfernt.

Das fehlte natürlich noch: Die Papierrolle krümmt sich im unteren Bereich nach innen und das wird durch eine dritte Linie angedeutet.

Etwas kniffelig ist der rechte Rand. Greifen Sie daher beim ersten Mal zum Lineal: Alle nun folgenden Markierungen haben nämlich den gleichen Abstand zur geschwungenen Linie links (hier 40 cm – das ist auch exakt die Länge der oberen und unteren Linien).

Die kleinen Markierungspunkte werden durch eine große Linie verbunden ...

... und bis zum unteren Rand durchgezogen.

Ein paar winzige Striche fehlen noch, aber genau die helfen mit, hinterher den Eindruck von Dreidimensionalität entstehen zu lassen.

Das Gleiche passiert dort, wo sich die Rolle unten eindreht. Hier ist es allerdings nur ein Strich, denn die Rolle dreht sich nicht weiter ein.

Jetzt können Sie frei gestalten ...

... oder noch etwas Perfektionismus walten lassen. Farben und Schatten lassen Ihre Papierrolle dreidimensional werden. Die genaue Anleitung für die Schattierung finden Sie in Kapitel 6, S. 134 ff.

3. Eine runde Sache: der Kreis

Der Kreis ist eine der meistbenutzten Formen. Im Großen symbolisiert er die Welt und die Planeten, im Kleinen wird er benötigt, wenn es um Teams und Sitzungen geht oder die Köpfe rauchen sollen. In jedem Fall zieht es ihn nicht in eine Richtung, er steht für Geschlossenheit, Gleichgewicht und eine deutliche Mitte.

 Kommt rund daher und ist (handgezeichnet) nie makellos. Streben Sie nicht nach Perfektion, sondern vertrauen Sie auf die Harmonie des Gesamtwerkes.

 In ovaler Form findet sich hier ein Standpunkt oder der Ausgangspunkt für Entwicklungen.

 Der Kreis mit Unterbrechung deutet wieder einen Sinn an und gibt Raum für einen Text oder weitere Symbole.

Kniffelig wird es bei größeren Kreisen: Nehmen Sie einen Teller oder Papierkorb zum Vorzeichnen. Benötigen Sie ein noch größeres Format? Dann hilft der Zirkel aus Pin-Nadel, Bindfaden und Bleistift bei der exakten Ausrichtung. Die Linie des Kreises wird per Hand mit einem dicken Marker nachgezogen.

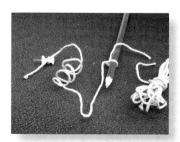   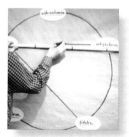

Der Kreis im Einsatz

Ein Klassiker: die Ziel-
scheibe! Mal mit Pfeil,
mal ganz ohne – probie-
ren Sie aus, welche Vari-
ante Ihnen am leichtes-
ten von der Hand geht.

Praxistipp: Bei Motiven, die
Sie öfters benutzen, lohnt es
sich, diese einmal auf Skiz-
zenpapier (190 oder 250 g) zu
gestalten und eine Sammel-
mappe anzulegen. Der Charme:
Das spart Arbeit und „Ihre
Handschrift" bleibt erhalten.

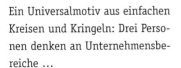

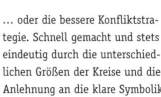

Ein Universalmotiv aus einfachen
Kreisen und Kringeln: Drei Personen denken an Unternehmensbe-
reiche ...

... Schwierigkeiten im Team ...

... oder die bessere Konfliktstra-
tegie. Schnell gemacht und stets
eindeutig durch die unterschiedlichen Größen der Kreise und die
Anlehnung an die klare Symbolik
der Comic-Welt.

Der Kreis im Einsatz

Die Kontinente der Weltkugel werden grob mit dem Wachsmaler skizziert.

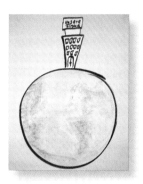

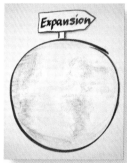

Gebäude und Pfeile thronen auf der Kugel (und fixieren dort auch den Blick des Betrachters) ...

... oder werden darauf montiert. Das Material sind große Haftnotizen, die verschiedene Vorteile haben: Sie können umbenannt und verändert oder vor den Augen der Teilnehmer als Geschichte „entwickelt" werden.

Die perfekte Rundung ist extrem schwierig. Arbeiten Sie daher stets mit „Eiern", wenn Sie etwas Rundes darstellen möchten ...

... das macht weniger Arbeit und kleine Ausrutscher fallen nicht auf. Vor dem ersten Strich machen Sie sich Gedanken über die Reihenfolge. Hier boten sich die Planeten an, ...

... denn sie sollten in Bewegung erscheinen. Einen Teil der Dynamik machen die durchbrochenen Flugbahnen aus.

Auch das kann bald zu Ihren Standards gehören: Kreise und verbindende Linien, das Ganze farbig hinterlegt: Fertig! Auch hier wurden die Worte am Schluss ergänzt. So finden sie den besten Platz.

Ein rasch gestalteter Effekt: Zuerst schreiben Sie das Wort, welches Sie in den Vordergrund stellen möchten, und dann ziehen Sie einen offenen Kreis. Wichtig dabei: Die Linien des Kreises berühren die Buchstaben zu Beginn und am Ende des Wortes nicht. So bleibt die Dynamik erhalten. Etwas Farbe (die ebenfalls nicht die Buchstaben erreicht) lässt das Wort leuchten.

Jeder (chronologische) Prozess lässt sich durch diese Form der Darstellung verdeutlichen. Die Kreise

▶ haben unterschiedliche Abstände,
▶ verschiedene Größen und
▶ liegen alle nicht in Linie.

Durch die wellenartige Anordnung ergab sich hinterher ein Platz für die beiden Worte. Etwas Farbe, Schatten und ein paar Speedlines sorgen für Dynamik und Räumlichkeit.

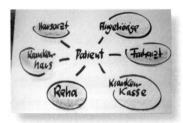

Wenn Sie mehrere Begriffe platzieren wollen, gehen Sie anders herum vor. Hier stand zuerst die Schrift auf dem Chart. Die Kreise variieren stark: Beim „Hausarzt" ist noch nicht einmal ein Halbkreis da und nur bei der „Reha" ist der Kreis geschlossen. Farben und leichte Schatten machen die Sache rund.

4. Praktisch und gut: das Viereck

Ob als Quadrat oder als Rechteck: Das Viereck schafft Struktur. Es symbolisiert Ordnung und hat eine Tendenz zu Statik und Gleichgewicht.

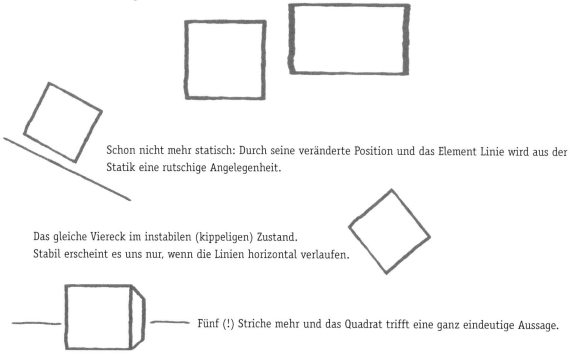

Schon nicht mehr statisch: Durch seine veränderte Position und das Element Linie wird aus der Statik eine rutschige Angelegenheit.

Das gleiche Viereck im instabilen (kippeligen) Zustand.
Stabil erscheint es uns nur, wenn die Linien horizontal verlaufen.

Fünf (!) Striche mehr und das Quadrat trifft eine ganz eindeutige Aussage.

Vierecke im Einsatz

Die Stärke des Vierecks ist seine
Glaubwürdigkeit. Was uns so gradlinig präsentiert wird,

▶ besitzt Struktur und eine deutliche Gliederung,
▶ bietet dem Betrachter schnell
Orientierung,
▶ gibt die Leserichtung eindeutig
vor.

Und nicht nur die grafischen
Elemente, sondern auch die Text-
blöcke verlassen die viereckige
Ordnung nicht.

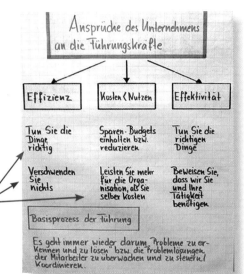

Auch hier gibt es eine deutliche Leserfüh-
rung durch das Plakat.

Rahmen und Linien sind entlang der Kästchen auf dem Papier gezogen – so verliert
man bei der Gestaltung nicht die Übersicht
und benötigt kein zusätzliches Lineal.

Vierecke im Einsatz

Oft will man gar keine aufwendigen Bilder oder Motive in eine Visualisierung bringen, sondern sucht nur nach einer optischen Auffrischung.

Unkompliziert kommt der Kalender daher, der aber genauso gut auch ein Notizzettel sein kann. Fangen Sie mit dem Viereck an und ergänzen Sie die Linien locker an der linken und unteren Kante: Fertig!

Von ähnlicher Machart ist dieses Buch, mit dem Sie jedes Thema präsentieren können. Die farbigen Schatten sind in Blau, Violett und Schwarz angelegt worden (siehe Kapitel 6 – Akzente, S. 136).

Die Motivations-Mauer rechts ist nichts anderes, als das Konstruktionsprinzip des Würfels (s. Beschreibung nächste Seite) konsequent angewandt. Zeichnen Sie zuerst alle Vorderseiten, dann alle Schrägen und zum Schluss die hinteren Kanten.

Dieses Motiv scheint im Raum zu schweben. Der Eindruck entsteht durch die unterschiedlichen Formate, deren überlappende Positionierung und leichte Schatten. Beginnen Sie mit dem kleinsten Viereck und werden Sie dann größer.

Auch hier berühren sich die Linien der Formen nicht. So verstärkt sich der Eindruck vom Abstand zwischen den „Papierbögen".

Schritt für Schritt: Ein Würfel entsteht

Eine der beliebtesten Ausgestaltungen des Vierecks: der Würfel. Wichtig ist hierbei, dass alle Linien jeweils parallel zueinander verlaufen.

    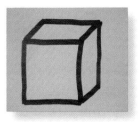

Für das Geschenk wird die hintere Kante weggelassen und dort ein Bündel Schleifen platziert.

Die Variante mit der Moderationskarte geht sogar noch einfacher als der frei gezeichnete Würfel oder Quader. Die Dreidimensionalität entsteht zum einen durch die Linienführung und zum anderen durch die abgeschnittenen Ecken.

5. Auf die Spitze getrieben: das Dreieck

Besonders in seiner Bedeutung als Pfeilspitze wird deutlich: Das Dreieck weist auf etwas hin. Es trägt eine Be-
wegungstendenz in sich und führt den Betrachter auf einen Punkt oder in eine Richtung. Blickt man flüchtig
auf ein Dreieck, richtet sich der Blick auf die Eckpunkte und nicht wie beim Kreis in die Mitte.

 Die Basislinie signalisiert Stabilität. Viele Beispiele aus unserer Erfahrungswelt untermauern
das intuitiv: Pyramiden, Berge, Zelte etc.

 Mit schmalerer Basis und längeren Diagonalen scheint die Stabilität zu schwinden.

  Der gleiche Pfeil, das gleiche Format – und dennoch
eine ganz andere Dynamik.

 Die Schlange der kleinen Dreiecke deutet einen Weg und Flexibilität an.

Das Dreieck im Einsatz

Stabil oder instabil – so, wie Sie es brauchen, wird das Dreieck zum visuellen Anker.

  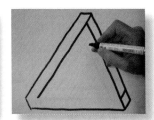

So geht es auch: Der Klassiker der optischen Täuschung als Vorlage ...

... auf dem Kopierer vergrößert, ...

... hinter das Papier geschoben und durchgezeichnet ...

... und coloriert wird das Dreieck zum Eye-Catcher.

Das Dreieck im Einsatz

Im Pfeil entwickelt das Dreieck seine wahre Stärke und wird dadurch eine der zentralen Formen in der Visualisierung. Welche Spielart des Pfeils Sie bevorzugen, hängt von Ihnen ab. Sie alle wollen jedoch das Gleiche: vorwärts drängen, in eine Richtung, und dadurch Ihre Botschaft deutlich machen.

Manchmal reicht schon ein einfacher Pfeil.

Die Pfeile in Kombination mit dem statischen Viereck geben deutlich die Richtung vor.

Ein alter Bekannter: der Würfel. Auch hier wurde oben die hintere Kante erst einmal nicht gezeichnet, sondern zunächst wurden die Pfeile platziert. In die kleinen Lücken neben dem mittleren Pfeil fügt man zum Schluss zwei Punkte ein (siehe kleines Bild rechts), wodurch der Eindruck der Kante entsteht.

Das Dreieck im Einsatz

Das Thema „Trialog" bietet sich natürlich für eine Dreiecks-Visualisierung an. Der Titel soll hinterher weiß bleiben, deshalb entsteht er zuerst.

Die zentralen Begriffe werden platziert. Dort, wo später das Dreieck „erscheinen" soll, wird eine dünne Linie mit dem Bleistift gezogen.

Mit den Wachsmalern werden ein paar Schlenker im Hintergrund verteilt – das Dreieck ist nun schon zu erkennen. Der Rest der Colorierung entsteht mit Pastellkreide …

… und schon wirkt das Dreieck deutlich, ohne zu dominant zu sein. Die notwendigen Erläuterungen wurden auf selbstklebenden Moderationskarten notiert. Dadurch kann dieses Plakat mehrfach verwendet werden, auch wenn sich im Modell mal etwas ändert.

Mein Archiv für Ideen mit Format

Mein Archiv für Ideen mit Format

Zusammengefasst:

Die Gestaltung mit Formen

- ▷ Welche Botschaft möchten Sie visualisieren? Oft bietet das Thema schon eine Form an.
- ▷ Denken Sie in Schritten: Was muss zuerst auf dem Blatt sein? (Umrisse? Schrift? Formen? Farben?)
- ▷ Auch Formen, die wir normalerweise gradlinig oder gezirkelt kennen, wirken besser, wenn sie offen oder unvollständig gezeichnet werden.
- ▷ Finden Sie heraus, welche Formen Ihnen besser von der Hand gehen. Entwickeln Sie diese Stärke weiter.

Akzente

Rücke Deine besten Seiten ins Licht.

Markante Akzente setzen – so sehen es andere:

„Aller Anfang ist leicht, und die letzten Stufen werden am schwersten und seltensten erstiegen."

Johann Wolfgang von Goethe

„Talent bedeutet Energie und Ausdauer. Weiter nichts." *Heinrich Schliemann*

„Alles Vortreffliche ist ebenso schwierig wie selten." *Baruch Benedictus de Spinoza*

„Der Charakter offenbart sich nicht an großen Taten; an Kleinigkeiten zeigt sich die Natur des Menschen."

Jean-Jacques Rousseau

„Was mit Wenigem getan werden kann, muss nicht mit Vielem getan werden." *Matthias Claudius*

„Kunst = Weglassen" *Leonhard Frank*

„Wenn du es dir vorstellen kannst, kannst du es auch machen." *Walt Disney*

In diesem Kapitel erfahren Sie:

▶ Welche Akzente Ihre Visualisierungen markanter und interessanter machen.
▶ Wie diese Akzente aufgebaut sind und wie sie wirken.
▶ Wie Sie diese Akzente selbst schnell anwenden können.

Akzente setzen und Effekte erzeugen

Akzente machen bewusst. Sie sind sozusagen das Tüpfelchen auf dem „i" der Gestaltung. Sie treten auf, wenn die Hauptarbeit getan ist, und machen Ihre Visualisierungen effektvoller, weil Sie einen Schuss Realität in das gezeichnete oder geschriebene Motiv bringen können:

▶ Schattierungen erwecken den Eindruck der Dreidimensionalität.
▶ Schatten positionieren ein Objekt im Raum.
▶ Speedlines erzeugen Tempo.
▶ Spritzer machen Vorhandenes interessant und neugierig auf Verborgenes.
▶ Rahmen begrenzen und heben den Mittelpunkt hervor.
▶ Perspektivische Linienführungen lassen Körper entstehen.

Im Vordergrund wird auch in diesem Kapitel der Faktor Zeit stehen. Die Visualisierungen sollen nicht minutiös vorbereitet und aufwendig gestaltet sein, sondern „rasch funktionieren". Die beschriebenen Akzente sind möglichst einfach gehalten und sollen eher intuitiv als ständig logisch funktionieren.

Und letztendlich geht es dann mit den Akzenten nach einer Weile genauso wie beim Fahrrad- oder Autofahren: Die ersten Male war man hochkonzentriert im Detail, doch nach einiger Zeit denkt man kaum noch über die Prozessschritte nach.

Für alle hier beschriebenen Effekte wurden die Materialien eingesetzt, die im vierten Kapitel (Farben) detailliert beschrieben sind: Wachsblöcke oder Pastellkreiden sowie Faserschreiber in vier Farben. Mehr brauchen Sie nicht.

Der Weg zur Arbeit mit markanten Akzenten

 Mein Archiv

1. Die Suche nach der Vereinfachung

Gerade bei der Arbeit mit Akzenten und Effekten wird deutlich, wie mit mehreren Bildelementen die Komplexität steigt. Wenn ein Hintergrund und ein Vordergrund dargestellt werden und dann auch noch die Objekte oder Figuren vorne und hinten im Raum verteilt sind, hat ein Betrachter auf einmal viele Möglichkeiten „Fehler zu entdecken":

▷ Die Größenverhältnisse müssen richtig sein,
▷ Effekte, wie z.B. Schatten, müssen an allen Objekten gleichmäßig angebracht sein,
▷ Linien an Objekten müssen in der Ausrichtung passen.

Oft leidet das Motiv, weil es aus vielen einzelnen Elementen zusammengesetzt ist, die in den Proportionen nicht so recht zueinander passen – obwohl die einzelnen Elemente gar nicht so schlecht aussehen. Die Lösung heißt: „Einfachheit in der Darstellung"! Der Künstler des Graffito rechts z.B. musste es sich einfach machen:

▷ Mit Gelb, Rot, Schwarz und Weiß zog er seine Rahmenlinien.
▷ Der geschwungene Weg deutet die Perspektive an, auf weitere perspektivisch wirkende Details (Bäume, Häuser, Personen) wurde vollkommen verzichtet.
▷ Die Zackenlinie deutet Berge an.
▷ Der Farbverlauf am Horizont weist auf eine auf- oder untergehende Sonne hin.
▷ Die Krönung ist das Fragezeichen – es suggeriert, dass hier noch etwas passiert, fehlt bzw. die Geschichte noch irgendwie weitergeht.

Dieses Graffito ist ein Paradebeispiel für einen spannenden und einfachen Hingucker. Auf alles Zeitaufwendige und Komplexe wurde verzichtet – ohne dass Langeweile aufkommt.

2. Perspektivische Darstellungen

Zwei Fragen beschäftigen uns stets beim Zeichnen von Perspektiven:

▶ „Wo verläuft der Horizont?"
▶ „Was kommt nach vorne und was kann in den Hintergrund?"

Haben Sie diese beiden Fragen gedanklich beantwortet, geht es in die Umsetzung.

„Wo verläuft der Horizont?" – Die Positionierung der Horizont-Linie stellt eine Beziehung zum Objekt dar, und Sie treffen damit eine Aussage (z.B.: „Dieser Baum steht im Vordergrund." „Dieser Baum steht oben." Rund um den Baum ist noch ganz viel Platz").

Sobald eine Horizont-Linie da ist und Sie auch noch einen Fixpunkt annehmen, bewegt sich alles darauf zu.

   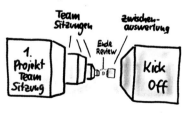

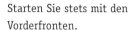

Starten Sie stets mit den Vorderfronten.

Entscheiden Sie sich für eine Horizontlinie. (Hier wurde der Horizont nur angenommen.)

Richten Sie alle Seitenflächen auf den Fixpunkt (Fluchtpunkt) an der Horizontlinie aus.

„Was kommt nach vorne und was kann in den Hintergrund?"

Durch das große und kleine Zeichnen von Objekten geben wir ihnen einen Sinn: Großes ist vorne, Kleines ist hinten. Räumliche Tiefe entsteht. Dadurch können z.B. Bedeutsamkeit, Rangfolge oder Zeitverläufe dargestellt werden. Das Überlappen verstärkt den Eindruck.

Hierbei muss schon etwas durchdachter vorgegangen werden: Die beiden Schriftzüge mit der Aussage im Vordergrund sind deutlich zu erkennen – im Hintergrund wird es undeutlich und farbloser.

So geht's auch: Perspektive entsteht durch die Anordnung der Elemente im Vorder- und Hintergrund. Die scheinbar aus dem Rahmen heraushängende Flagge erweckt den Eindruck der Dreidimensionalität.

3. Schatten

Bei Schrift und Objekten unterstreichen Schatten den Charakter und betonen das Objekt. Verantwortlich für das Licht ist jeweils eine Lichtquelle. Deren Licht fällt auf einen Gegenstand und produziert dort

- ein **Schlaglicht** (die hellste Stelle auf dem Objekt),
- den **Schlagschatten** (der Schatten, der vom Objekt auf den Boden geworfen wird),
- einen **Eigenschatten** (der Schatten, der auf dem Objekt zu sehen ist und zum Beispiel bei Rundungen eine große Rolle spielt.

Stellen Sie sich einen Scheinwerfer vor! Unsere Visualisierungen besitzen keine Lichtquellen, deshalb nehmen wir einfach eine an. Dieser Scheinwerfer produziert Licht und damit auch Schatten. Seine Position wird innerhalb eines Motivs immer beibehalten. So werden stets die gleichen Stellen beleuchtet (= heller sein) und alle Schatten in der Darstellung in die gleiche Richtung fallen.

 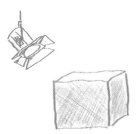  

Der Würfel, perspektivisch gezeichnet, ...

... bekommt die dem Licht abgewandten Seiten dunkler gefärbt.

Auf dem Boden vor und neben dem Objekt ist der Schlagschatten zu sehen ...

... erst recht, wenn der Würfel sich magisch erhebt.

Bei allen Darstellungen
dieser Seite „befand" sich der
Scheinwerfer oben links.

Schatten im Einsatz

Das Motiv von Seite 111 noch einmal im Detail: Die Grundfarbe der Buchstaben ist hellgrün, die Eigenschatten lehnen sich daran an und bestehen aus zwei dunkleren Grüntönen.

Blättern Sie ruhig noch einmal zurück zur Seite 91, wo die Schattierung dieser Schrift gezeigt wird. Die Eigenschatten sind Braun und lehnen sich damit in der Tönung an die Grundfarbe der gelben Buchstaben an. Schwarz wird nur für die Schlagschatten benutzt. Gearbeitet wurde mit Pastellkreide.

Die Schlagschatten wurden Grau angesetzt. Die „unsaubere" Strichführung weist auf das Tempo hin und fällt hinterher sowieso nicht auf. Vermeiden Sie bei der Schattierung zu genaues Arbeiten, das hält nur auf und ist selten wirklich eindrucksvoller.

Die Buchstaben des fertigen Wortes scheinen zu schweben und wirken dynamisch. Gearbeitet wurde mit Wachsblöcken.

Schatten funktionieren natürlich auch ohne Farbe.

Schatten im Einsatz

Die Papierrolle von Seite 111 wurde durch Schattierung (scheinbar) dreidimensional. Gefärbt wurde der Eigenschatten von hell nach dunkel: Blau, Violett, Schwarz. Der Schlagschatten erhielt wieder eine graue Tönung.

Bei vielen Seminarteilnehmern wächst im Visualisierungs-Workshop die Lust an den „Schattenseiten", die natürlich auch farbig sein können.

Schwarz als Farbe des Eigenschattens kann düster wirken. Material: Pastellkreide.

Schatten im Einsatz

Schatten passen einfach überall hin und setzen Akzente an Ihre ...

... Textelemente, ... Pfeile, ... Menschen, ...

... Bäume, ... Bälle ...

... usw. Das Prinzip bleibt stets das gleiche: Die Andeutung eines ungefähren Umrisses und etwas Unterstützung durch den Eigenschatten reichen für die schnelle Illusion vollkommen aus.

4. Speedlines

Die Speedlines bringen Tempo in Illustrationen. Sie sind eines der Hilfsmittel zum Andeuten von Bewegung, die es in zweidimensionalen Bildern nicht gibt. Alles was sich dort bewegt, bewegt sich, weil die Betrachter es sich so einbilden – geschickt wird die Illusion der Bewegung inszeniert.

In unseren Visualisierungen nutzen wir die Speedlines am Rande, sie helfen dabei, dynamische Eindrücke zu hinterlassen:

- ▶ Sie sind nah dran an dem bewegten Teil des Bildes und verdeutlichen die Bewegung, „die sich soeben vollzogen hat oder es gerade tut",
- ▶ sie werden in der dunkelsten Farbe gezeichnet, denn sie wirken nur, wenn sie dünn und deutlich sind,
- ▶ sie werden in der Richtung angelegt, in der sich die Bewegung vollzieht.

Mit und ohne Speedlines:
Der Unterschied ist mehr als deutlich.

Der Eindruck von Bewegung kann dadurch verstärkt werden, dass sich das Objekt in die Bewegungsrichtung neigt. Beim zukunftsorientierten LKW verstärken eine geneigte Schrift, ovale Räder, Schatten und Speedlines zusammen den temporeichen Eindruck.

5. Spritzer

Die Spritzer sind ein weiteres graphisches Element aus der Welt der Comics. Sie tauchen überall dort auf, wo es etwas Überraschendes gibt und der Blick des Betrachters zentriert werden soll.

Spritzer sind einfach und vielseitig:

Die kleine Sequenz macht deutlich, wie breit die Anwendung der Spritzer sein kann. Ein Gefühl für die Menge (hier zwischen vier und neun) und den Abstand zum Objekt entwickeln Sie mit der Zeit. Die Spritzer müssen das Objekt oder die Schrift auch nicht ganz umranden (s. Schild oben rechts).

Spritzer im Einsatz

Ein bisschen Aufmerksamkeit links …

… ein bisschen Aufmerksamkeit rechts …

… und auch noch einmal in der rechten Ecke.

Im gesamten Plakat wiederholen sich die wichtigen Aussagen in gleicher Farbe und von Spritzern begleitet.

Hier wirkt jemand sehr nachdenklich …

Beim nachträglichen Colorieren werden die Spritzer heller gefärbt oder sogar ganz frei gelassen. So „leuchten" sie.

6. Textfelder

Textfelder sind Mini-Rahmen, die einzeln stehen können oder miteinander verbunden sind:

▷ Sie packen jeweils einen Sinnzusammenhang in ein Format.

▷ Sie fokussieren den Blick und geben dem Betrachter das Leseverhalten vor: „Erst in diesem Textfeld alles lesen, dann zum Nächsten."

▷ Sie sind schnell zu gestalten oder schon fertig gefärbt.

Für diese Textfelder wurde tief in den Moderationskoffer gegriffen. Die farbigen Streifen („Schlipse") bieten viel Raum für Text.

Ein dynamisches Textfeld – passend zur zügigen Schrift.

Wenn Sie das Gefühl haben, Ihr Textfeld schwebt zu stark im Raum, dann „befestigen" Sie es: Mit Klebeband, Pin-Nadeln oder (ganz sicher!!!) mit Schrauben. Angedeutete Eigen- und Schlagschatten verstärken die Illusion.

Der Trick mit dem kleinen Textfeld: Hier gibt es einen kurzen Kommentar zur großen Aussage (Vielleicht einen Zweifel? Einen Widerspruch?). Dieses Textfeld ist für den Betrachter kaum zu lesen und dennoch wird jede/r Sie fragen: „Was steht da?"

Schritt für Schritt: eine Arbeitsanleitung für die Gruppenarbeit ganz aus Textfeldern

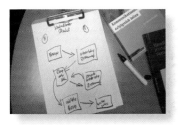

Eine komplexere Aufgabe steht bevor. Deshalb unbedingt vorher ein Scribble anlegen. Das dauert zwei Minuten und beantwortet schon entscheidende Fragen zur Platzierung der Textfelder.

Der nächste Schritt ist das Vorzeichnen mit dem Bleistift, erst dann wird zum Marker gegriffen, ...

... um Textfelder und Pfeile sichtbar zu machen.

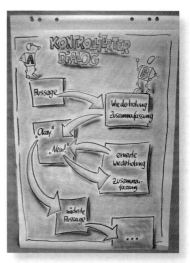

Das kennen Sie jetzt schon: Pastellkreide wird aufgetragen und anschließend großflächig verwischt.

Eine Idee entstand erst beim Zeichnen – statt der Buchstaben für die beiden Rollen im Dialog tauchen dort zwei Figuren auf (Bild rechts).

Das fertige Plakat: Die Textfelder sind schattiert und treten dadurch deutlich hervor. Die Pfeile liegen scheinbar noch eine Ebene darüber und „springen" durchs Motiv.

7. Rahmen

Der Rahmen gibt Ihren Visualisierungen eine stimmige Begrenzung. Er verleiht einen geschlossenen Charakter und erzeugt eine Konzentration auf das, was in der Mitte dargestellt ist. Er ist ein wichtiger Akzentpunkt, der aber nicht zu stark oder eigenständig wirken sollte:

▶ Setzen Sie Ihre Rahmen stets zum Schluss – ansonsten orientieren Sie sich schon während des Schreibens zu sehr am Rahmen und interessante Effekte fallen weg.
▶ Achten Sie beim Ziehen der Rahmenlinie auf mögliche Unterbrechungen, das wirkt dynamisch.
▶ Falls ein Wort zu lang geworden ist (meistens auf der rechten Seite), „integrieren" Sie es mit einer unterbrochenen Rahmenlinie.
▶ Ein glatter schwarzer Rand ist für einen Rahmen ungeeignet („Trauerrand").
▶ Vermeiden Sie ein Lineal.
▶ Nehmen Sie für den Rahmen eine Farbe, die im Motiv schon auftaucht – das schafft Ruhe.

Ohne Rahmen fehlt etwas …

Schnell gemacht und mit bewussten Unterbrechungen und Schlenkern versehen.

Für einzelne Worte wurde der Rahmen durchbrochen.

Der abgerissene Notizzettel ist ein schöner Effekt für einen Rahmen.

Variationen für Umrandungen mit Marker und Wachsblöcken

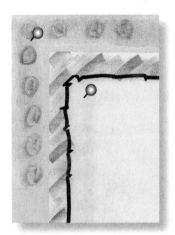
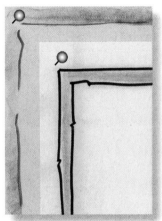
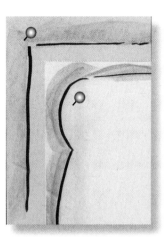
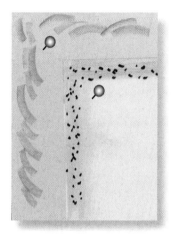
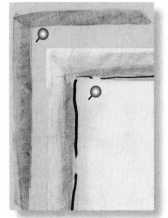

Bitte begeben Sie sich noch einmal quer durch dieses Buch auf „Rahmensuche". Dort finden Sie viele weitere Ideen und Vorschläge für Umrandungen.

Materialtipp: Für Rahmen ist der Wachsblock das ideale Material. In Sekundenschnelle haben Sie mit ihm Begrenzungslinien gezogen, die nie zu kräftig erscheinen.

Mein Archiv für deutliche Akzente

Mein Archiv für deutliche Akzente

Zusammengefasst:

Effekte erzielen durch deutliche Akzente

▷ Nutzen Sie die Idee der Perspektive, aber gehen Sie nicht zu sehr ins Detail.

▷ Umrandungen sind nahezu unumgänglich – sie erzeugen Geschlossenheit.

▷ Speedlines und Spritzer erhöhen die Dynamik in Ihrem optischen Auftritt.

▷ Schatten in und an Schriften und Darstellungen erwecken einen plastischen Eindruck.

Menschen

Liebe Dein nächstes Strichmännchen.

Menschen gestalten – so sehen es andere:

„Beim Zeichnen eines Gesichtes – irgendeines Gesichtes – ist es, als würden Vorhang um Vorhang,
Maske um Maske entfernt."

Frederick Franck

„Es ist etwas Geheimes, was hinter den Menschen und Dingen und hinter den Farben und Rahmen liegt,
und das verbindet alles."

Ernst Ludwig Kirchner

„Meine Figuren kommen und gehen, wie sie mir Glück und Unglück bieten."

Max Beckmann

„Der Mensch, das Augenwesen, braucht das Bild."

Leonardo da Vinci

„Lasst uns unsere Menschen nach unserer Gestalt malen."

Caspar David Friedrich

„Nehmen Sie die Menschen, wie sie sind, andere gibt's nicht."

Konrad Adenauer

„Nun", antwortete der Pelikan bereitwillig, „man begreift es am besten, indem man es macht."

Lewis Caroll, Alice im Wunderland

In diesem Kapitel erfahren Sie:

▸ Welche „Typen" von Strichmännchen leicht zu zeichnen sind und trotzdem gut wirken.

▸ Welche „kleinen Helfer" Ihre Aussagen verstärken.

▸ Wie Sie dadurch mit nur wenigen Figuren trotzdem abwechslungsreich gestalten können.

Menschen darstellen

Das Zeichnen von Menschen ist die Königsdisziplin in der Visualisierung: So gerne man sie darstellen möchte, so schwierig ist es auch. Anders als beim Zeichnen von Hintergründen oder Objekten, spielen beim Strichmännchen verschobene Konturen oder falsch gesetzte Punkte sofort eine Rolle. Der Betrachter interpretiert jede Linie. Hier geht es um Ausdruck – und der muss stimmen.

In diesem Kapitel finden Sie Variationen, Menschen einfach abzubilden, ohne dass Sie dafür ein großes Talent benötigen oder lange üben. Die Darstellungen der Figuren sind auf ein Minimum reduziert und trotzdem lassen sie sich vielseitig einsetzen.

Folgen Sie diesen einfachen Leitideen:

▸ weitgehender Verzicht auf die Darstellung von Gesichtsausdrücken (denn das muss wirklich im Detail stimmen),

▸ nicht zu viele Details wie Finger, Frisuren oder Accessoires (das kostet Zeit und ist eine unendliche Geschichte),

▸ keine direkte Abbildung von Männern und Frauen (um das darzustellen, müssten Sie Kleidungsmerkmale zeichnen und die müssen wiederum zielgruppenadäquat sein: „Trägt die Business-Frau nun Rock, oder nicht?"),

▸ finden Sie einfache Ausdruckshelfer (Größe, Farbe, Sockel, Schilder, Sprechblasen – das alles ist oft schneller und treffender gezeichnet als eine stimmige ausdrucksstarke Figur),

▸ Konturen reichen – Farbe ergänzt.

Ich hoffe, dass bei den hier dargestellten Figuren „Ihr Typ" dabei ist. Sobald Sie ihn gefunden haben, geben Sie ihm eine Chance und perfektionieren Sie ihn noch ein wenig. Dabei hilft Ihnen zielsicher ein „Strichmännchen-Dummy".

Falls Sie (wie ich selbst) merken, dass Sie nicht richtig warm werden mit der Darstellung von Figuren, freuen Sie sich an den vielen anderen Möglichkeiten der Visualisierung in diesem Buch. Es ist allemal besser, ohne Figuren zu arbeiten, als beim Betrachter stets die Assoziationen zum naiv wirkenden Strichmännchen aus Kindertagen wachzuhalten.

Der Weg zum liebenswerten Strichmännchen

 **Mein Archiv**

1. Papiermännchen

Dieses einfache Papiermännchen kann Ihnen helfen, wenn Sie einen Blick für Haltung und Bewegung von Figuren entwickeln möchten.

2. Star-People

Mit der Woge der Graphic Facilitation (www.graphic-facilitation.com)
landete eine einfache und vielseitige Figur bei uns, deren ursprüngliche
Heimat in San Francisco liegt (www.grove.com).

Der Name weist auf die Machart hin –
ein fünfzackiger Stern ist das Ausgangsformat.
Wer den zeichnen kann, kann schon eine
Menge …

Alle Variationen fol-
gen dem Grundprinzip
„Stern".

Um die Star-People herum kann variiert und gespielt werden. Effekte wie Farb-
verläufe, Spritzer und grafische Elemente unterstreichen die Aussage.

3. Star-People in Variationen und im Kontext

Für viele Situationen brauchen Sie nicht jedes Mal eine neue Figur –
oft ist es einfacher, den Kontext zu verändern, um damit zu neuen
Aussagen zu gelangen.

4. Kleine Helfer

Rund um die Darstellung von Menschen unterstützen Sie diese kleinen Helfer, Ihre Botschaft deutlich zu machen. Sie nehmen den fehlenden Text auf und sind oft leichter zu zeichnen.

5. Karten-Menschen

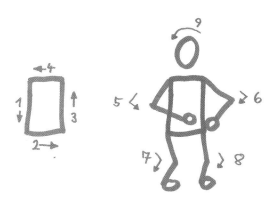

Das Prinzip „Spielkarte" prägt diesen Typ der Figur. Der Körper hat stets ein Rechteck als Ausgangsform.

Das erinnert etwas an eine Gliederpuppe und entsteht auch genauso: Strich für Strich zusammengesetzt. Dies gibt Gelegenheit, den Stift öfters abzusetzen und den nächsten Strich zu überlegen.

Etwas Farbe, ein paar Spritzer und zum Schluss Schattierungen: So wird Ihre Gliederpuppe zum ernst zu nehmenden Darsteller Ihrer Visualisierungen.

Die Kartenmenschen brauchen nicht ganz mit Farbe gefüllt zu werden, es reicht eine Schattierung. In der Bewegungs- oder Aufmerksamkeitsrichtung werden Kopf und Körper heller dargestellt oder bleiben ganz farblos.

Das „Plus" beim Karten-Menschen: Der Körper kann mit einer zusätzlichen Aussage gefüllt werden.

6. Menschengruppen

Einfacher zu zeichnen als eine einzelne Figur sind diese Menschengruppen, denn der Ausdruck der einzelnen Person spielt keine Rolle mehr. Wichtig für Aussage und Wirkung sind die Rahmen: Wolkenartig, als angedeutete Begrenzungslinie oder als Schriftzug mit einer Aussage zum Thema.

„Kullermännchen": Weniger lässt sich kaum andeuten. Der „Kullerkopf" ruht auf einem Bogen. Soll die Gruppe größer werden, zeichnen Sie die erste Reihe komplett. Nach hinten reduzieren sich die Bögen immer mehr auf Striche.

„MW"-People: Ein angedeutetes „M" bildet den Oberkörper, das „W" charakterisiert die Beine.

Das Grundmotiv einer Menschengruppe und Variationen mit Rahmen, Landschaft, Spruchbanner und Hintergrund. Die Kernaussage entsteht auch hier nicht durch den Ausdruck der Figuren, sondern durch deren Umgebung, Färbung und Inszenierung.

7. Gesichtsausdrücke

Auf kleinstem Raum ganz viel sagen: Das schafft der Gesichtsausdruck. Auch hier können die Informationen auf das Wichtigste reduziert werden. Die hier gezeigten Gesichter bestehen deshalb nur aus Punkten und Strichen. Für die meisten Ausdrucksweisen reicht das. Probieren Sie es aus ...

Damit geht's los: Da wir nicht realistisch zeichnen, sondern uns mit unseren Visualisierungen eher in der Sparte Comic oder Karikatur bewegen, brauchen die Proportionen auch nicht exakt zu stimmen.

freundlich gesonnen

für die ernsten Momente des Lebens

traurig und bedrückt

zornig

... und hier wieder lachend

Gesichter erhalten noch mehr Ausdruck, wenn sie von Zeichen und
grafischen Elementen begleitet werden.

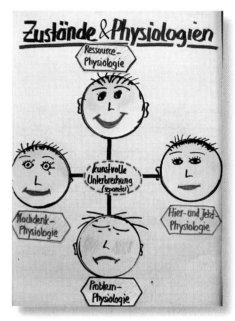

Hier ergänzen die Gesichtsausdrücke die Aussage op-
timal und unterstützen die
Merkfähigkeit.

8. Menschen im Einsatz

Hier verbinden sich die Menschen im Unternehmen mit selbst definierten Leitsätzen zur Teamarbeit.

Die Menschenkette

Manchmal braucht man etwas ganz Besonderes:

▶ bei einer Teamklausur,
▶ wenn man nach einer Umstrukturierung neue Menschen in einem Arbeitsbereich zusammenbringt,
▶ beim Weihnachtsessen,
▶ beim Firmenjubiläum …

Immer dann, wenn nicht das Thema, sondern die Personen im Raum eine Rolle spielen sollen, können diese in einer Menschenkette zusammengebracht werden.

Das ist Ihre kreative Leistung: Sie gestalten nur die Umrisse, die von den Teilnehmern später ergänzt werden (siehe links).

Das geht schnell, denn Sie müssen sich nicht auf Gesichtsausdrücke und Haltung konzentrieren. Die Figuren brauchen auch nicht in Linie zu stehen – so wirkt das Motiv lebendig und bewegt.

Jeder wie er kann: Das machen dann die Teilnehmer aus den vorgezeichneten Umrissen.

Symbole für Gruppenarbeit

Die „Kullermenschen" als Symbol helfen mit, die unterschiedlichen Rollen und
Funktionen einer Führungskraft in der Gruppenarbeit zu diskutieren. Die gelben
Karten mit Fallbeispielen werden im Laufe der Diskussion zugeordnet.

Es sind nur wenige Details, die den
Figuren ihre unterschiedliche Bedeutung zuweisen.

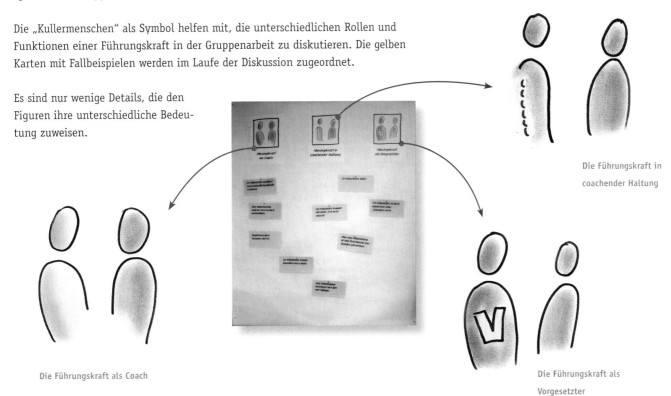

Die Führungskraft in

coachender Haltung

Die Führungskraft als Coach

Die Führungskraft als

Vorgesetzter

Mein Archiv für Männchen und Menschen

Mein Archiv für Männchen und Menschen

Zusammengefasst:

Der Weg zum liebenswerten Strichmännchen

▷ Das Papiermännchen hilft Ihnen, einen Blick für Haltung und Bewegung zu entwickeln.

▷ Finden Sie „Ihren Typ" und freunden Sie sich mit ihm an.

▷ Leichte und bewusste Colorierung verstärkt die Wirkung.

▷ Nutzen Sie die „kleinen Helfer" zur Unterstützung Ihrer Strichmännchen.

▷ Kernaussagen entstehen nicht durch exaktes figürliches Zeichnen, sondern durch die gesamte Inszenierung und Ergänzungen wie Schilder und Banner.

Verfremden, kopieren und zitieren

Lerne aus dem, was an Gutem schon da ist.

Von den Einfällen anderer lernen – so sehen es andere:

„Wie oft ist die Mona Lisa schon kopiert worden. Und trotzdem stehen die Leute nach wie vor Schlange, um sich das Original anzusehen."

Louis Armstrong

„Eine gute Idee erkennt man daran, dass sie geklaut wird."

Rudi Carrell

„Die Wissenschaft, die ist und bleibt, was einer ab vom anderen schreibt."

Joachim Ringelnatz

„Entdeckungen macht man, wenn man dasselbe sieht wie alle anderen – aber etwas anderes dabei denkt."

Albert Szent-Gyorgyi von Nagyrapolt

„Nimm an, was nützlich ist. Lass weg, was unnütz ist. Und füge das hinzu, was dein Eigenes ist." *Bruce Lee*

„Eine gute Idee besteht meist aus vielen guten Gedanken."

Frank Dommenz

„Der Gärtner erfindet keinen Apfelbaum."

Dana Markowa

Axel Rachow: Sichtbar

In diesem Kapitel erfahren Sie:

▸ Wie Sie Gestaltungsideen aufgreifen und in Ihre Visualisierungen integrieren können.

▸ Welche Übertragungstechniken Sie nutzen können.

▸ Dass gezieltes Sammeln und Aufbewahren die Gestaltungsarbeit erleichtern.

Aus den Einfällen anderer lernen

Eines der Grundprinzipien unserer Tätigkeit als Präsentatoren, Trainer und Dozenten ist das Arbeiten mit fremdem Gedankengut. Nahezu lückenlos reihen sich in vielen Bereichen die Nachahmungen aneinander.

▸ (Psychologische) Modelle werden präsentiert.

▸ Bei Kollegen/innen bewährte Methoden werden übernommen.

▸ Vorgegebene Seminarkonzepte werden trainiert.

▸ In Präsentationen fließen Grafiken und Bilder ein.

▸ Zitate ergänzen unsere Vorträge.

▸ Unsere Teilnehmerunterlagen bauen wir aus kollegialen Handouts zusammen, die wiederum aus gesammelten Anregungen bestehen, die wiederum …

Das Arbeiten mit und Ablernen von den Ideen anderer ist in unserer Branche nicht nur eine normale, sondern auch eine effiziente

Vorgehensweise: Wie lange würden wir sonst wohl für die Erstellung von Präsentationen und Weiterbildungskonzepten brauchen?

Das nachfolgende Kapitel möchte Ihnen – bei allem Respekt vor der Eingebung der jeweiligen Urheber und unter Wahrung des Copyrights – Möglichkeiten aufzeigen, wie Sie von Visualisierungen anderer ablernen können. Denn durch das genaue Betrachten und die detailnahe Kopie lernen Sie viel über Aufbau, Farbgestaltung, Linienführung, Proportionen und ähnliches. Dem folgt dann bald die eigene Gestaltung, denn ein Lernen lässt sich an dieser Stelle nur schwer verhindern.

Neben Übertragungstechniken bietet Ihnen dieses Kapitel auch noch viele Quellenangaben und ist gleichzeitig ein Pool für die Gestaltungs- und Präsentationsideen, die bisher in diesem Buch noch nicht den richtigen Rahmen gefunden haben. Hier finden Sie ebenfalls Abbildungen, die in anderen Kapiteln sehr klein gedruckt wurden. Dadurch gingen Details verloren, die bei einer größeren Abbildung deutlicher werden.

Der Weg zur guten Reproduktion

 Mein Archiv

1. Ihr Visu-Archiv

Die eine oder andere Visualisierung wird bei Ihnen garantiert zum „Schätzchen" – die Grundidee ist stimmig und gut umgesetzt oder es gibt ein besonders gelungenes Detail in Ihrer Darstellung. Dann wäre es wirklich schade, wenn die Art der Darstellung oder die Mühe im Herstellungsprozess verloren ginge. Das Zauberwort heißt hier: Archivierung. Dank digitaler Technik geht das ganz leicht und ist vor allem platzsparender als das Aufheben der Charts in Originalgröße. Wenn Sie daneben noch einen Sammelordner anlegen, findet jede Idee sofort ihren Platz.

Das macht Sinn in Ihrem Visu-Archiv:

- ► ganzseitige Fotoausdrucke Ihrer „Best-of"-Visualisierungen
- ► Postkarten
- ► anregende Kataloge
- ► Anzeigen
- ► Quellenangaben fürs Internet
- ► Cartoons auf Overhead-Folie
- ► Skizzen
- ► Kopien …

Ob Ordner, Mappei-System (www.mappei.de) oder …

… als Dateien im Rechner: Sammeln Sie Ihre Visualisierungen systematisch.

Details Ihrer Visualisierungen, die Ihnen besonders gut gelungen sind, reißen Sie einfach aus und archivieren sie.

2. Übertragen mit Overhead-Projektor und Beamer

Dieses Verfahren geht schnell und ist einfach, benötigt allerdings die Unterstützung der Technik. Doch die ist in vielen Tagungs- oder Besprechungsräumen vorhanden.

Die (hier aus einem Arbeits-
buch ausgewählte) Grafik
darf nicht zu komplex sein
...

... auf Folie kopiert, wird sie
mit dem Overhead-Projektor
auf die Zeichenfläche pro-
jeziert.

Hier wurde nur das zentrale
Motiv abgezeichnet – das
umgebende Publikum war
für die Aussage nicht erforderlich.

Praxistipp: Achten Sie bei der Auswahl der Bilder auf Multi-funktionalität: Viele Motive passen in mehrere Zusammen-hänge. Quellenangaben nicht vergessen!

Mit Pastellkreiden wurden leichte Colorierungen er-gänzt ...

... und in der Präsentation Haftnotizen eingesetzt.

Das gleiche Procedere mit etwas mehr High-Tech: Das Motiv wurde zuerst gescannt und mit dem Beamer pro-jeziert.

So lassen sich natürlich auch Clip-Arts, Logos und Icons aus dem Web vergrö-ßern und einsetzen.

3. Durchpausen

Das Durchpausen ist die 1:1 Übertragungstechnik und setzt voraus, dass es schon ein Original gibt.
Das Durchpausen geht schnell und ohne großen technischen Aufwand.

Praxistipp: Colorieren Sie immer erst, nachdem Sie geschrieben haben. Denn falls Sie sich verschrieben haben und evtl. von vorne beginnen wollen, haben Sie das Colorieren umsonst durchgeführt. Beim Schreiben vertut man sich eher als beim Färben.

Die Vorlage kann auch klein oder von schlechter Qualität sein – sie wird nur für den ersten Schritt, das Vergrößern mit dem Kopierer, benötigt.

Dadurch, dass Sie die genaue Größe des Motivs schon kennen, können Sie erst einmal verschiedene Platzierungsmöglichkeiten ausprobieren.

Jetzt werden die Konturen nachgezogen, ...

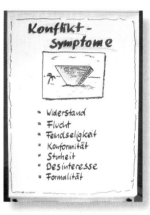

... die Schrift aufgebracht, Rahmenlinien gezeichnet und zum Schluss coloriert.

Für die Visualisierung einer Teamaufgabe wurde die Abbildung eines Stuhls benötigt. Hier ist das Durchpausen als Technik bestens geeignet. Der Stuhl wurde grob durchgepaust und die von den Teams zu bauenden Details in die Zeichnung integriert.

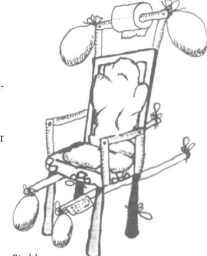

Das Durchpausen ist ebenfalls eine hilfreiche Technik, wenn Sie sich verschrieben haben oder (wie in diesem Beispiel) beim Schreiben zu weit nach rechts gekommen sind.

Die Vorlage für den Stuhl fand sich in einer Clip-Art-Datei (siehe kleine Abb.). Dadurch musste nicht mehr auf Proportionen, Perspektive und Positionierung geachtet werden und das Zeichnen ging wesentlich schneller.

Dadurch, dass die Vorlage cartoonartig daherkommt, brauchten auch die dazugezeichneten Bilddetails nicht ganz exakt sein, sondern das Ganze blieb skizzenartig.

Im zweiten Anlauf gelingt es, denn Sie nutzen jetzt Ihren ersten Versuch als Vorlage.

4. Übertragen mit der Rastermethode

Ein Raster hilft bei der Übertragung des Motivs. Wichtig ist dabei, dass Vorlage und zu gestaltendes Motiv mit der gleichen Anzahl quadratischer Kästchen überzogen werden. Gerade wenn kein Beamer oder Projektor vorhanden ist, bietet sich diese „klassische" Art der Übertragung an.

Einmal vorbereitet – oft zu benutzen: Die Rastervorlage mit Quadraten auf Transparentpapier.

Das Raster legen oder übertragen Sie auf Ihre Vorlage.

Auch der Papierbogen bekommt ein Raster mit gleicher Kästchenanzahl. Die Größe der Kästchen können Sie natürlich so wählen, wie Sie sie brauchen.

Jetzt wird Kästchen für Kästchen vom Original übertragen.

Fertig! Zum Schluss wird mit Wachsblöcken coloriert.

5. Das Prinzip übertragen

Bei vielen Visualisierungen muss es ja nicht die 1:1-Übertragung sein, wenn bereits das Übernehmen des Grundprinzips weiterhilft. Die Anregung der Vorlage reicht aus – erkennen Sie die Struktur darin und überlegen Sie, wie das zu Ihrem Thema passt.

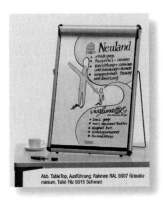

Abb. TableTop, Ausführung: Rahmen RAL 9007 Graualuminium, Tafel Filz 9315 Schwarz

Diese Anregung entstand beim Blättern durch den Neuland-Katalog. Das Chart zeigt die Aussagen in zwei überdimensionalen Sprechblasen von Erwachsenem (Stammfirma Neuland) und Kind (Neuland-Tochter Viva-Luna). Die Färbung der rechten Seite lenkt den Blick nach links in den freien Raum und zu den Figuren.

Die beiden Personen haben sich verändert, die Grundstrukturen wurden beibehalten. Die Flächen wurden mit Pastellkreide gefüllt und rund um die Buchstaben etwas freigehalten, damit diese leicht „leuchten".

6. Vorlagenbücher

Ein weiterer Ideenlieferant können Vorlagenbücher sein. Sie finden sich in Buchhandlungen in der kreativen Ecke und zeichnen sich dadurch aus, dass sie genau den Zweck „Vorlage sein" erfüllen und reproduzierbare Illustrationen enthalten. Ein Beispiel ist das Buch aus dem Urania-Verlag:

Das Vorlagenbuch von Ulrich Allgaier und Andrea Berthel ist eine Motivsammlung für die Wandmalerei ...

... und es enthält Vorlagen für Säulen, Nischen, Torbögen und Fenster. Wenn Sie mit diesen Vorlagen arbeiten, brauchen Sie nicht auf perspektivische Details zu achten, ...

... sondern können sich ganz auf Ihre Aussage konzentrieren.

Das Schnippelbuch ist ein grafisches Sammelsurium, das seit 25 Jahren immer wieder neu aufgelegt wird und mittlerweile aus ca. 20.000 Motiven besteht (siehe auch unter www.schnippelbuch.de).

Obwohl die beiden Hände offensichtlich von unterschiedlichen Zeichnern stammen, passen sie nach der Übertragung gut zusammen und ergänzen sich. Die nicht vorhandenen Ärmel wurden ergänzt. Dadurch wirkt das Bild noch ein wenig voller und es gibt einen „Grund", die Rahmenlinie dynamisch zu durchbrechen.

7. Landkarten

Dem Charme dieser Landkarten kann man sich nur schwer entziehen. Gerne wandern die Betrachter darin und freuen sich an den Übersetzungen ...

Ob Sie nun im Atlas der Liebe (lesenswert!) stöbern oder interessiert die Anzeige der Firma Lexware betrachten: Anregungen für diese Art der Darstellung finden Sie viele.

Schritt für Schritt: So entstand die Landkarte

Der Start ist eher unspektakulär, aber sehr wichtig. Mit den Haftnotizen entwickeln Sie ein Gefühl für die Proportionen.

Nach und nach verschwinden die Klebezettel zugunsten von Text und Illustration.

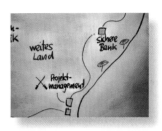

Lassen Sie sich bei den Details von Ihrer Lust und dem Wortwitz leiten.

Die Landschaften entstanden in Pastellkreide und der Rand mit Wachsblöcken.

8. Gedankenlandkarten

Schrift, Farbe, Symbole, Verästelungen: Das Mind-Mapping® ist eine gehirngerechte Darstellungsart, die auch unter dem Gesichtspunkt der Visualisierung denkbar einfach ist. Fügen Sie alles ein, was Ihnen für das Thema wichtig ist – Perspektiven, Detailtreue oder die Exaktheit von Figuren spielen keine Rolle.

So kennt man das Mind-Mapping®:
als eine Ideensammlung,
die sich strukturiert
entwickelt.

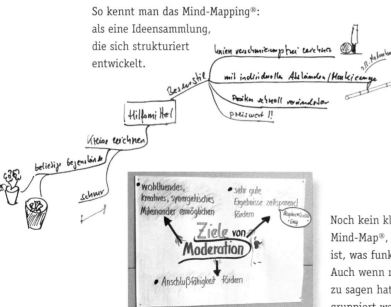

Noch kein klassisches Mind-Map®, aber erlaubt ist, was funktioniert. Auch wenn man weniger zu sagen hat, kann dies gruppiert werden.

Ob hoch oder quer, Flip-Chart oder Pinwand – diese Art der Darstellung ist flexibel, geht schnell, integriert alle Ideen und auch die Aussagen der Teilnehmer.

9. Cartoons und einfache Illustrationen

An vielen Stellen finden sich anregende Cartoons und einfache Illustrationen, deren Grundaussage und Machart sich leicht übertragen lässt. Zum Beispiel der Labbé-Katalog: Die Bergheimer Firma Labbé ist schon mehrfach als Bezugsadresse für Kreativmaterialien benannt worden. Sie gibt seit Jahren einen Katalog heraus, der durch viele kleine Zeichnungen von Nicole Peter und Stephanie Moussavi illustriert ist (www.zzzebra.de).

Das Labyrinth – nahezu ein Universalthema und überall da passend, wo es um verschlungene Wege, Suche nach etwas Bestimmten, Versuch und Irrtum geht.

Hier wurde die Grundidee „auf der Mauer schreiben" durch ein Hinweisschild ergänzt. So können zusätzliche Aussagen untergebracht werden.

Karten spielen ist eine Betätigung im Wettbewerb und mit festen Regeln. Wo diese Aussage als Metapher passt, passt auch ein solches Motiv.

10. Gesammelt: So machen es die Kollegen ...

Wagen Sie den Blick über den Tellerrand und schauen Sie den Kollegen bei Visualisierungen über die Schulter.

Pfiffige Lösung: Barbara Klingenberg platziert in einem alten Goldrahmen all die Gegenstände, die symbolhaft die Rolle der Moderation definieren. Der Rahmen wurde einmal präpariert (Aufhängemöglichkeit für Flip-Chart und viele kleine Nägel an der Rückseite der oberen Leiste) und wird nun je nach Präsentationsthema mit anderen Gegenständen (an Nylonfäden) behangen.

Konsequent eingesetzt: Martin Goerner verknüpft in diesem Bild sein Thema Projektmanagement mit seiner Firmenphilosophie. Während der Präsentation werden die Segmente des Eisbergs (Mitte) noch mit den Problemen im Projektverlauf beschriftet. Auch ein Ausflug auf die Homepage lohnt – das Thema Visualisierung setzt sich dort dezent weiter fort. www.dr-goerner.de

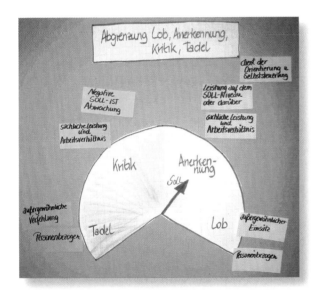

Mit Bewegung: Marion Zupancic-Antons Anzeigepfeil („Tachonadel") wandert in der Präsentation in das Feld, über das gerade gesprochen wird. www.tatkraft.ag

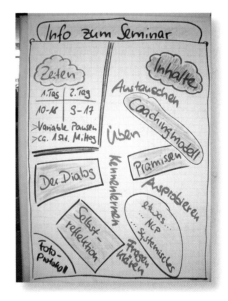

Geschickt gelöst: Ulrich Balde gestaltet seine Agenda als ein Sammelsurium an Programmpunkten ohne chronologische Darstellung. So bleibt dem Trainer ein flexibler Spielraum und dennoch sind alle Punkte genannt. www.dart-consulting.de

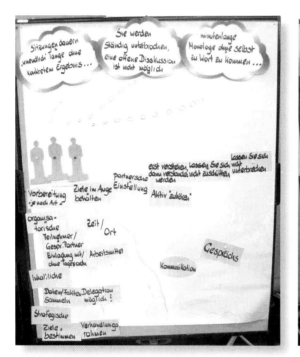

Aus zwei mach eins: Margit Häßler demonstriert, dass Präsentationen nicht nur auf einer Fläche stattfinden müssen. Der trennende Effekt durch die beiden Pinnwände passte zudem zum Thema: Mit den grünen Karten wurde während der Präsentation die Brücke geschlagen.

Durchdacht: Claudia Simmerl nutzt runde und sechseckige Moderationskarten zur Gliederung und als markante Textträger. Ergänzt wurden daneben kleine Illustrationen. www.simmerl.de

Metaphorisch: Das Schiff steht unter voller Fahrt und schafft es dennoch nicht dahin, wo es hin soll und möchte. Coloriert mit Wachsblöcken und während der Präsentation mit Haftnotizen ergänzt.

Mein Archiv für anregende Vorlagen und Ideen

Mein Archiv für anregende Vorlagen und Ideen

Zusammengefasst:

Von den Einfällen anderer lernen

▷ Sammeln Sie Ihre eigenen Werke (als Digitalfoto oder im Original): Das können Sie jederzeit wieder genau so reproduzieren, denn es kam ja aus Ihrer Feder.

▷ Lassen Sie sich von Profis in Katalogen und Anzeigen anregen. Entdecken Sie dort Gestaltungsprinzipien, die übertragbar sind.

▷ Betrachten Sie kollegiale Visualisierungen im Detail: Was wird gezeigt? Was wird nicht gezeigt (z.B. Menschen)? Wie wurde vorgegangen? Welche Materialien wurden eingesetzt?

▷ Vorlagen gibt es überall ...

Kreativ präsentieren

Du sollst Deinen Zuhörern nicht die Zeit stehlen.

Aussagekräftig und eingängig präsentieren – so sehen es andere:

„Mit Honig fängt man mehr Fliegen als mit Essig."

Dale Carnegie

„Wer die Fähigkeit besitzt, in Meetings, Kunden-, oder Mitarbeitergesprächen sowohl den Verstand
als auch das Gefühl, das rationale und das emotionale Denken anzusprechen, hat die Zuhörer
mit Sicherheit auf seiner Seite."

Wolf W. Lasko

„Ein dummer Zufall bringt manchmal schon eine kluge Lösung zur Präsentation."   *Erhard Horst Bellermann*

„Kein Lesen ist der Mühe wert, wenn es nicht unterhält."   *William Somerset Maugham*

„Man kann alles verkaufen, wenn es gerade in Mode ist. Das Problem besteht darin,
es in Mode zu bringen."

Ernest Dichter

„Die größte Macht hat das richtige Wort zur richtigen Zeit."

Mark Twain

„Verhüllung ist Verheissung."

Christo

In diesem Kapitel erfahren Sie:

▶ Dass Präsentationen auch etwas merkwürdig sein müssen, damit sie würdig sind, gemerkt zu werden.

▶ Welche (ungewöhnlichen) Formen der Präsentation Sie einsetzen können.

▶ Wie merk-würdige Effekte entstehen und wie Sie mit diesen am besten arbeiten können.

Aussagekräftig und eingängig präsentieren

Seit die Präsentationssoftware PowerPoint von Microsoft ihren Einzug in nahezu jeden geschäftlich genutzten Rechner gefunden hat, können Präsentationen wesentlich einfacher und schneller gestaltet werden. Dieses Programm hat damit etwas geschafft, was zuvor wirklich nur den entsprechenden Profis möglich war: Visualisierungen ansprechend und nahezu druckreif zu gestalten. Eine Fülle von Vorlagen, Verknüpfungsmöglichkeiten, grafischen Hilfsmitteln und Assistenten stehen dem Anwender dabei hilfreich zur Seite. Das war vor allen Dingen in den Anfangszeiten der Software beeindruckend.

Doch wer heutzutage in Besprechungen geht oder Kongresse mit mehreren Vortragenden besucht, kann die Beobachtung machen, dass zwar Präsentationssoftware mit begleitenden Visualisierungen

eingesetzt wird, diese Visualisierungen jedoch flüchtig sind (aus dem Auge des Betrachters entschwinden) und sich in der Summe oft ähneln. Das Format „Projektionsfläche" ist bei jedem Redner und bei jeder Rednerin gleich und die Aktivitäten der Vortragenden beschränken sich oft auf „Taste drücken", „gemeinsames zur Leinwand Schauen" und „Zeigen mit dem Laserpointer".

Die Redner/innen ähneln sich in Gestik und Aktion und auch die vorgeführten Präsentationen tragen wenig individuelle Handschrift. In einer mit optischen Reizen überfluteten Kommunikation bedarf es jedoch etwas mehr, damit Inhalte wirklich verankert werden, überzeugend sind und merk-würdig bleiben.

Das nachfolgende Kapitel möchte Ihnen Lust machen auf Variationen in der Präsentation, die mit den in den ersten Kapiteln dieses Buches dargestellten Visualisierungen harmonieren und auch kombinierbar sind.

Sie alle wollen:

▶ Anknüpfungsmöglichkeiten für die Teilnehmer bieten,

▶ mit Symbolen oder Metaphern arbeiten, die zum Thema passen,

▶ die Betrachter auch emotional ansprechen, und

▶ ganzheitliche Ankermöglichkeiten sowohl für die eher logisch-rational arbeitende linke, als auch die kreativ schaffende rechte Hirnhälfte bieten.

Aussagekräftig und eingängig präsentieren

Mein Archiv

Präsentationen bleiben merk-würdig, wenn ...

▷ die Betrachter einen Methodenmix erleben und keine Einseitigkeit oder Ermüdung stattfindet,

▷ eine Passung zwischen visualisierter Aussage, gesprochenem Wort und Wirkung des Präsentators besteht,

▷ unser Gehirn in allen Bereichen bedient wird: durch Bilder, Texte und Emotionalität in der Ansprache,

▷ die Teilnehmer beteiligt werden: durch Fragen und Antworten, Teilaufgaben, eigene Ergänzungen und Erfahrungen,

▷ die Struktur (der rote Faden) deutlich wird und nachvollziehbar bleibt,

▷ sinnvolle Wiederholungen und Zusammenfassungen stattfinden,

▷ die Präsentation die unterschiedlichen Aufnahmekanäle berücksichtigt. Nicht jeder wird allein durch Hören oder Sehen überzeugt,

▷ den Teilnehmern nicht nur die sachliche Richtigkeit, sondern auch die Bedeutsamkeit deutlich ist,

▷ beim Zuhörer Emotionen geweckt werden. Positive emotionale Anteilnahme regt die Produktion von Botenstoffen an: Das Gehirn arbeitet wirksamer.

Aufgepasst: Wenn selbstklebendes Material von unten abgelöst wird, wellt es sich leicht und steht von der Präsentationsfläche ab.

Dieser Kniff führt zum Erfolg: Lösen Sie das Papier von einer Seite und dann entlang der Kante ab.

1. Einfache Präsentationen mit Haftnotizen

Selbstklebendes Material ist sehr vielseitig und wird immer populärer. Die Ausgangsidee beruht auf den bekannten Haftnotizen. Deren Prinzip – eine beschriftbare Fläche, die nahezu überall anzubringen ist – lässt sich hervorragend für Präsentationen nutzen.

Selbstklebendes Material gibt es im Handel in zwei Varianten:

Selbstklebende Moderationskarten
gibt es in exakt den gleichen Farben und Formen wie das normale Moderationsmaterial.

+ kräftige Farben
+ schlägt bei der Beschriftung nicht durch
+ gibt es auch rund und oval.

Bezug: www.neuland-online.de

Haftnotizen in Moderationskartengröße
sind im Papier etwas dünner und dadurch in der Handhabung angenehmer.

+ der Klebestreifen ist an der Oberkante
+ interessante und helle Farbpalette
+ gutes Preis-Leistungs-Verhältnis

Bezug: www.präsentations-tools.de

Der überzeugende Vorteil: Sie sind nicht mehr auf Präsentationsmedien angewiesen, sondern präsentieren überall da, wo es ebene Flächen gibt.

Eine einfache und markante Präsentation mit Haftnotizen: Schlagworte zum Thema werden mit einem passenden Symbol/Icon versehen.

Arbeiten Sie in der Präsentation mit einem kleinen Tablett (DIN-A4-Karton), auf dem Sie zuvor die Haftnotizen chronologisch geordnet haben.

2. Präsentation mit Haftnotizen in Motiven

Bei dieser Form der Präsentation wird die Aussage mit einem passenden Motiv verknüpft. Der/die Vortragende klebt die vorbereiteten Haftnotizen während des Vortrags ins Motiv und stellt immer wieder Verbindungen zwischen den Inhalten und Botschaften sowie den Details des Bildes her.

Hier wurde ein Plakat mit einer Pflanze zum Träger der Information.

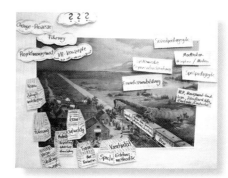

Die Hauptelemente des Bildes (Fluss, Dorf, Eisenbahn und Wolken) sind der Leitfaden für die Präsentation. Auf selbstklebenden Haftnotizen finden sich die Schlagworte oder Kernaussagen.

Im Ausschnitt wird die Machart deutlich: Die Haftnotizen sind beschriftet, coloriert und entsprechend zugeschnitten.

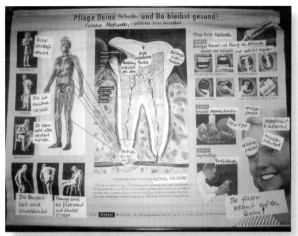

Praxistipp: Fundgrube für alte Karten sind Schulflohmärkte oder auch die Homepage www.schulkarten.de.

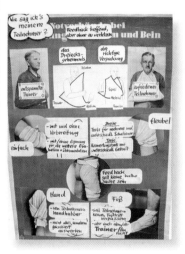

Alte Schullandkarten sind ideal. Sie sind

- großflächig,
- robust,
- lassen sich gut transportieren,
- besitzen eine Befestigungs-
  möglichkeit.

Jedes Plakat hat seine eigene Story (hier: Zahnpflege). Entlang der Story wurde die Präsentation zum Thema „Pflege als Trainer Deine Trainingsmethoden" entwickelt.

Die teilweise sehr skurrilen Bilder erhielten dabei neue Unterschriften. Der Originaltext war entweder auf die Entfernung sowieso nicht zu erkennen oder wurde durch die Haftnotizen abgedeckt.

Zum Plakat mit dem Thema „Notverbände" passte das Trainingsthema „Feedback geben ohne zu verletzen".

3. Das einzelne Bild

Oft muss es schnell gehen, die Vorbereitungszeit ist knapp, es kommt nicht die richtige Idee oder kreative Materialien sind nicht griffbereit. Dann hilft „das einzelne Bild" – vorausgesetzt, Sie haben sich vorher ein Motiv gesucht oder sogar schon eine Bildersammlung angelegt.

Landschaftsbilder bieten sich an: Sie sind menschenleer, dadurch erzeugt man keine Vergleiche mit Personen.

Ausdrucksstarke Motive in gutem Druck finden Sie in Bildersammlungen für den Kunstunterricht. www.neckar-verlag.de

Das Motiv muss nicht großformatig sein: Das Format DIN A4 genügt, um einen Bogen Flip-Chart-Papier zu füllen. Mit dem Rahmen um das Motiv wurde das Bild optisch vergrößert.

So geht's auch: Dieses Motiv wurde einem Buch entnommen und mit dem Kopierer auf DIN A3 vergrößert.

4. Der einzelne Gegenstand

Auch der einzelne Gegenstand als Demonstrationsobjekt ist gerade da angebracht, wo wenig Zeit für Gestaltung war. Er kann eine Verbindung in die Teilnehmergruppe sein: In dem Moment, wo Sie den Gegenstand überreichen, haben Sie eine Brücke geschaffen, können Dialoge darüber führen und die Reaktionen auf den Gegenstand in Ihre Präsentation integrieren.

Machen Sie sich einen einfachen Effekt zunutze: Egal, was Sie sagen, egal, was Sie gerade an der Wand präsentieren – sobald Sie einen Gegenstand in die Hand nehmen und damit ein wenig agieren, fokussieren Sie die Aufmerksamkeit Ihres Publikums. Ein paar markante Beispiele:

Das Praktische am einzelnen Gegenstand: Sie können ihn herumreichen, unaufwendig inszenieren oder sogar mit nach Hause geben.

So rücken Sie einen einzelnen Gegenstand optimal in den Blick der Betrachter. Geldkoffer: www.handelshof.de

Die Doppelzahnbürste ist ein Highlight an Innovationskraft – über den praktischen Nutzen lässt sich streiten. Nicht mehr regulär im Handel.

Der Eierbecher für Querdenker(innen) ist metaphorisch stark und passt überall da, wo es um neue Wege und Ideen geht. www.kohren.de

Manchmal finden sich auch Dinge, die schwer zu bestimmen sind: Was ausschaut wie eine abgebrochene Nase, ist „ito". www.ito-graphic.com

5. Das Museum

Das Museum ist ein interaktiver und leicht bewegter Einstieg in ein Thema. Dabei wird mit der Metapher „Museum" gespielt – die dort ausgestellten Gegenstände sind wahlweise antik, wertvoll, verstaubt – in jedem Fall aber repräsentativ für das Thema.

Das ist das Grundprinzip: Es gibt Gegenstände, die das Thema repräsentieren, und ein erläuterndes Schild, ...

... die Gegenstände werden an den Seiten des Raumes platziert ...

... und die Teilnehmer bewegen sich als Gäste durch das Museum.

Sieht nach viel Vorbereitungsarbeit aus – und ist es auch! Das Museum als interaktive Präsentation lohnt sich nur, wenn Sie ein Thema des Öfteren darstellen wollen. Sie können die vorbereitende Arbeit jedoch dadurch reduzieren, dass Sie stets die gleichen Gegenstände benutzen. Einmal stehen sie im Museum der Teamentwicklung, einmal im Organisationsentwicklungs-Museum, einmal ...

Ein paar liebevolle Details machen Ihr Museum richtig rund und für Ihre Teilnehmer/innen zum Erlebnis.

So reduziert sich Ihr Aufwand: Die Zutaten für diese Boden-Frucht-Bar (symbolisiert den fruchtbaren Boden, auf den die Ergebnisse fallen sollen) fanden sich direkt im Hotel.

Das erhöht die Spannung: Der Raum wird zuvor mit Absperrband abgetrennt und ein/e Teilnehmer/in eröffnet feierlich das Museum.

Das macht es interessant: Die Gegenstände sind außergewöhnlich, bewegen sich oder geben Geräusche von sich.

... und noch eine Variation: Das Museum funktioniert auch anders herum. Je nach Thema können Sie die Teilnehmer/innen symbolhafte Gegenstände mitbringen lassen, die dann der Gruppe vorgestellt werden. Das ist nicht nur aussagekräftig, sondern auch vom Vorbereitungsaufwand her bequem.

6. Pappkartons

Pappkartons sind ein hervorragendes Trägermedium für Präsentationen vor großen Gruppen. Sie bieten große Flächen zur Visualisierung und lassen sich mit allen Materialien gestalten, die in diesem Buch bisher genannt wurden.

So können Sie sich und Ihren Vortrag optimal präsentieren: Die Schlagworte auf den Würfelvorderseiten waren zu Beginn nicht sichtbar, sondern sind nach und nach umgedreht worden.

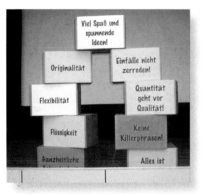

Gerade große Bühnen sind für Präsentationen oft problematisch: Sie müssen sich richtig anstrengen, um den Raum zu füllen und es passiert wenig! Mit den Pappkartons können Sie hantieren, gestalten und dabei erzählen.

Schon mehrfach erlebt: Die Power-Point-Präsentationen meiner Vorredner verschwinden spurlos mit deren Abgang von der Bühne. Nur meine Pappkartons blieben weithin sichtbar im Saal – denn sie sind ja „so furchtbar sperrig", dass man sie nicht sofort spurlos entfernen kann ...

Materialtipp: Nehmen Sie einwellige Kartons (keine Umzugskartons!), die sind leicht und trotzdem stapelbar.

Die Machart ist denkbar einfach: Mit MS-Word entsteht eine Vorlage in DIN A4, diese wird ausgedruckt, vergrößert und mit Klebespray oder Klebestift auf dem Karton fixiert: Fertig!

Die Seiten fassen entweder Begriffe oder ganze Texte. Für die Dokumentation nehmen Sie Ihre Word-Vorlage oder fotografieren die Kartons ab.

Wirkt gut: Die Würfel einzeln fotografieren und an den entsprechenden Stellen in der Dokumentation oder im Hand-out wieder auftauchen lassen.

So wird es dann richtig lebendig und funktionell: Die Kartons im Open-Space-Workshop mit 50 Teilnehmern.

Auf den Kartons wurden zuerst die Regeln und das Vorgehen im Open Space präsentiert. Anschließend fungierten sie als Raumteiler und zum Schluss wurden sie zur Präsentationsfläche der Kleingruppenergebnisse.

Bezugsquelle: Pappkartons zu fairen Preisen und in vielen Größen und Stärken liefert Ihnen DaJaPac (www.dajapac.de) an jeden Ort in Deutschland.

Materialtipp: Haben Sie an dieser Art der Präsentation Gefallen gefunden? Dann beschaffen Sie sich für das Zusammenkleben in jedem Fall einen Abroller für Klebeband.

7. Die Präsentation zum Ausklappen

Die Präsentation zum Ausklappen ist ein Eye-Catcher der ganz besonderen Art. Die Flächen der Klapppräsentation sind zu Beginn zusammengelegt und mit einem Faden fixiert. Im Moment der Präsentation schneiden Sie den Faden durch und effektvoll entrollt sich die Klappagenda.

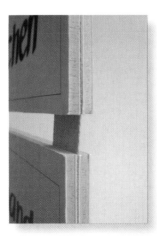

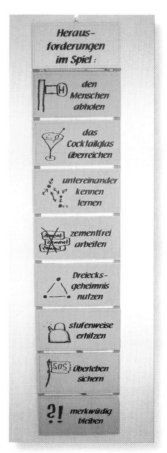

Eine Präsentation, die sich „von alleine" ausklappt. Zu Beginn wurden die Felder im Block mit einem Deko-faden zusammengebunden.

Die Klapptafeln sind auf dünne, selbst-klebende Leichtschaumplatten aufgezo-gen („Kapafix": www.realcolor.de). Die Platten wurden mit Nahtband verbunden. Die Vorlagen entstanden in DIN A4 und wurden mit dem Kopierer auf Format A3 vergrößert.

8. Die Wäscheleine

Die Wäscheleine liefert einen einfachen dreidimensionalen Effekt und eignet sich vor allem für längere Veranstaltungen. Sie zieht sich als roter Faden durch das Programm und kann sich im Laufe der Tage auch verändern: Nach der Pause oder am nächsten Tag finden sich hier neue Impulse oder die Arbeitsergebnisse.

Praktisch: Egal, welches Textformat Sie wählen – an der Wäscheleine hat alles Platz.

Vielseitig: Hier können Sie alles hinhängen, was Bezug zum Thema liefert – Texte, Bilder, Gegenstände.

Interaktiv: Teilnehmeraussagen und Arbeitsergebnisse können integriert werden.

Variabel: Diese Art der Präsentation hat einen großen Vorteil gegenüber aufwendig gestalteten Plakaten. Sie können schnell Texte oder Begriffe entfernen, wenn sie nicht mehr relevant sind.

9. Das Mobilé

Das Mobilé ist eine herausragende systemische Metapher und passt überall dort, wo es um ein Zusammenwirken geht, wie z.B.

- die Rollen und Funktionen in der Moderation,
- das Zusammenspiel verschiedener Faktoren im Verkaufsgespräch,
- Veränderlichkeit von Systemen ...

Die Zutaten des Mobilés: dünne Stäbe, reissfester Faden und die Anhänger (hier: laminiert).

Das Mobilé rechts symbolisiert die „geistigen Ebenen" eines Unternehmens, die über den messbaren Größen schweben. Auf der gelben ausbalancierten Platte (dem schein- bar stabilen Boden) findet sich die Eintei- lung der Ziele nach der Balanced-Score- Card.

Nicht immer findet sich eine Möglichkeit zur unkomplizierten Befestigung an der Decke. In dem Fall hängen Sie das Mobi- lé an die Wand.

So können Sie das Fehlen eines Teiles drastisch demon- strieren: Ein Schnitt – und das ganze Sys- tem kippt ...

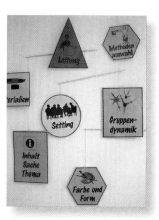

10. Moderationskarten mit Icon

Ein kleiner, aber sehr wirkungsvoller Effekt, der abstrakte Visualisierung (Schrift) und Bildhaftigkeit miteinander kombiniert.

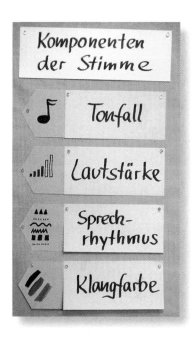

Das Besondere an dieser Art der Visualisierung ist die Vielseitigkeit. Icons und Text sind auf zwei unterschiedlichen Karten. Diese können gut aufbewahrt und immer wieder neu zusammengestellt werden.

Seitenwechsel: So, wie Sie es brauchen. In jedem Fall weckt das mehr Aufmerksamkeit als eine einfache Karte mit Überschrift.

Sie möchten nicht zeichnen? Der abgesetzte Großbuchstabe ersetzt die Illustration.

So wird's spannend: Vor der Präsentation können Sie die Überschrift und die Icons montieren – während der Präsentation ergänzen Sie dann die blauen Stichworte.

Mein Archiv für Präsentationsideen

Mein Archiv für Präsentationsideen

Zusammengefasst:

Kreativ präsentieren

▷ Berücksichtigen Sie in Ihren Präsentationen verschiedene Aufnahmekanäle.

▷ Mischen Sie in einer Präsentation die Darstellungsformen.

▷ Meist muss es nicht der ganz große kreative Auftritt sein – ein einzelner Gegenstand, ein Bild oder eine markante Überschrift können in der Wirkung genauso stark sein.

▷ Inszenieren Sie Ihre Effekte, damit sie in der Wirkung nicht untergehen: auf einer Säule, auf einem Kissen, hinter einem Tuch oder einem Papierbogen mit drei Fragezeichen.

Spiele

Bring Spiele ins Spiel.

Spielen – so sehen es andere:

„Spiele, damit du ernst sein kannst! Das Spiel ist ein Ausruhen, und die Menschen bedürfen, da sie nicht immer tätig sein können, des Ausruhens."

Anacharsis

„Beim Spiel kann man einen Menschen besser kennenlernen als im Gespräch in einem Jahr."

Plato

„Ich kenne nichts, was 100-prozentig Spiel ist oder absolut nicht Spiel ist."

Eva Brandes

„Ich spielte gerade ein wenig herum, als mir die Idee für einen Taucheranzug kam. Glauben Sie mir, Spielen ist das Einzige, was man auf dieser Welt wirklich ernst nehmen sollte."

Jaques Cousteau

„Spielen ist eine Art der Verlangsamung, des Verrückens vertrauter Sichtweisen, eine Art des Versuchs, was feststeht zum Schweben zu bringen."

Henry Ibsen

„Derjenige ist am meisten er selbst, der seine Arbeit genauso ernst nimmt, wie ein Kind das Spiel."   *Heraklit*

„Die Kunst mag ein Spiel sein, aber sie ist ein ernstes Spiel."

Caspar David Friedrich

In diesem Kapitel erfahren Sie:

▷ Welche visualisierten Spiele Sie in Ihren Veranstaltungen einsetzen können.

▷ Wie unterschiedlich Spiele sein können.

▷ Was Sie tun müssen, um die Spiele vorzubereiten, durchzuführen und auszuwerten.

Spiele ins Spiel bringen

Es gibt Gelegenheiten in Moderationen, Workshops oder Präsentationen, da benötigt man ein auflockerndes Element:

▷ weil noch nicht alle Teilnehmer im Raum sind,

▷ um nach einer (Mittags-)Pause die Aufmerksamkeit erneut zu fokussieren,

▷ weil ein Lernstoff auch einmal anders präsentiert werden soll,

▷ um am Tagesende zusammenzufassen oder einen zusammenfassenden Einstieg am zweiten Tag zu gestalten,

▷ damit man sich als Gruppe auch einmal auf einer anderen, spielerisch leichten oder herausfordernden Ebene begegnet.

Spiele an Flip-Chart und Pinwand bringen Abwechslung in den Seminaralltag, lockern auf und sammeln die Aufmerksamkeit der Seminarteilnehmer/innen.

Die hier zusammengestellten Spiele und Übungen sind nicht aufwendig (oder nur beim ersten Mal). In den meisten Fällen skizzieren Sie kurz die Aufgabe und schon geht´s los. Was Sie für diese Spielereien neben Flip-Chart oder Pinwand benötigen, ist das normale Equipment der Moderationsarbeit: Karten, Nadeln und Stifte. Dazu noch ein Block mit Haftnotizen und – da Sie nun ja schon einen Blick für Gestaltung gewonnen haben – Wachsblöcke oder farbige Kreiden, um den einen oder anderen Effekt zu setzen.

Die vorgestellten Spiele sind bewährt, vielfach erprobt und garantieren Ihnen die Aufmerksamkeit Ihrer Teilnehmer/innen. Auch diese Spiele sind sorgfältig aus den verschiedensten Quellen zusammengetragen. Mit der Zeit werden Sie sicher ebenfalls fündig: Visualisierte Spielaufgaben finden sich in Spiele-, Quiz- und Rätselbüchern. Viele Denksportaufgaben eignen sich, die oft auf einer einfachen Skizze basieren, die Sie nur zu übertragen brauchen.

Das Kapitel beginnt mit einer Sammlung von Ratespielen und einfachen Rätselaufgaben, daran anschließend finden Sie eine Sammlung von lernunterstützenden Spielen. Sie ermöglichen Ihnen und Ihren Teilnehmern/innen einen interaktiven Einstieg in ein Thema. Mit dem „Erkenntnisbaum" schließt das Kapitel – diese Visualisierungsidee kann Ihre Veranstaltungen begleiten und regt Ihre Teilnehmer/innen zur Auseinandersetzung mit persönlichen Lernerfahrungen an.

Spiele und Übungen zur Belebung Ihrer Veranstaltungen

 Mein Archiv

Überraschen Sie Ihre Teilnehmer mit einem Spiel

Nicht Fragen, sondern anfangen! Spiele können das i-Tüpfelchen Ihrer Veranstaltung sein. Natürlich soll in Workshops, Moderationen und Seminaren in erster Linie „gearbeitet" werden. Doch gerade die visualisierten Spiele können Sie hervorragend in der Hinterhand halten und dann einsetzen, wenn Sie meinen, dass eine gedankliche Abwechslung Ihren Teilnehmern/innen gut tun kann. Das kann zu Beginn sein, nach einer Pause oder als „harte Nuss" für den Abend, wenn Ihre Veranstaltung über mehrere Tage geht.

Die meisten der visualisierten Spielideen haben einen großen Vorteil: ihre Einfachheit!

▶ Sie brauchen keinen zusätzlichen Platz und können auch mit Tischen und Stühlen munter drauflos agieren.
▶ Die Teilnehmer/innen brauchen sich nicht umzusetzen und auch keine Gegenstände in die Hand nehmen, die ihnen vielleicht befremdlich oder albern vorkommen.
▶ Wenn die Spiel- oder Rätselaufgabe schon zu Beginn sichtbar an der Wand hängt, löst das sofort Interesse und Neugierde aus und in den meisten Fällen bittet man Sie um eine Erklärung. (Was für die Durchführung viel einfacher ist, als dass Sie von sich aus erst motivieren und die Lust am Spiel wecken müssen.)
▶ Es gibt oft Gelegenheiten, wo Sie im weiteren Verlauf der Veranstaltung noch einmal metaphorisch auf das Spiel zurückkommen können bzw. die Teilnehmer das von sich aus tun. („Das war doch wie zu Beginn, als wir auch erst einmal quergedacht haben!")
▶ Sie machen Spaß ...

Oft sind es die ganz banalen Dinge, die eine große Wirkung besitzen. Ein verhüllendes Tuch erzeugt garantiert Spannung auf Ihre Präsentation.

1. TORNWIENRU

▶ **Einsatz:** zur Auflockerung

▶ **Dauer:** ca. 5 Min.

▶ **Material:** Haftnotizen, Marker

▶ **Teilnehmerzahl:** beliebig

Ratespiel mit Scherzcharakter

1. Vorbereitung

Schreiben Sie die Buchstaben T O R N W I E N R U für alle lesbar auf Haftnotizen (wahlweise: Moderationskarten oder einfach auch Papier).

Das Rätsel ...   ... und seine Lösung!

Ob Groß- oder Kleinbuchstaben ist egal.
Bitte jedoch nicht mischen!

2. Anmoderation

Die Anmoderation ist knapp und besteht aus einem formelartigen Satz, der auch nicht geändert werden sollte:
„Bitte ordnen Sie die Buchstaben so, dass da hinterher nur ein Wort steht."

3. Durchführung

Nach der Anmoderation bleiben Sie zurückhaltend und lassen die Teilnehmer einfach raten. Auf Nachfragen der Teilnehmer antworten Sie entsprechend: „… hinterher soll nur ein Wort da stehen." Den formelartigen Satz können Sie gegebenenfalls wiederholen, um neu zum Nachdenken anzuregen.

Kommt nach wenigen Minuten niemand auf die Lösung, wiederholen Sie den Satz betonter („… es ist ganz einfach, es soll nur ein Wort da stehen.") bis die Lösung gefunden ist, oder Sie demonstrieren es kurz.

4. Auswertung

Keine Auswertung. Wie bei allen Spielen mit Scherzcharakter sollten Sie darauf achten, dass Ihre Teilnehmer sich nicht zu sehr veralbert vorkommen.

5. Kommentar

Immer gut zur Auflockerung zwischendurch.

Praxistipp: Sammeln Sie die Haftnotizen mit den Buchstaben auf einer Moderationskarte. So führen Sie im Moderationskoffer stets alles griffbereit mit sich.

2. Weitere visualisierte Rätselaufgaben

▶ **Einsatz:** zur Auflockerung

▶ **Dauer:** ca. 2 Min.

▶ **Material:** Flip-Chart, Marker, teilweise Haftnotizen

▶ **Teilnehmerzahl:** beliebig

Für diese Rätselaufgaben gilt das gleiche Vorgehen wie bei „TORNWIENRU" ausführlich beschrieben: Sie zeichnen an und lassen die Gruppe (gesamt oder in Kleingruppen) raten. Bei der Aufteilung in Kleingruppen entsteht mehr wettbewerbsorientierte Dynamik.

„Wohin fährt der Bus?"

Ganz klar: Der Bus fährt nach links, denn Busse haben die Türen stets auf der Beifahrerseite. Und hier ist keine Tür zu sehen.

„Ergänzen Sie die folgende Reihe logisch."

Steht für: Montag, Dienstag, Mittwoch, ...

$$5+5+5=550$$

„Stellen Sie mit einem Strich diese mathematische Aufgabe richtig."

$$545+5=550$$

„Legen Sie einen der Stäbe so um, dass dadurch ein Quadrat entsteht."
(Selbstklebende Moderationskarten erleichtern die Darstellung.)

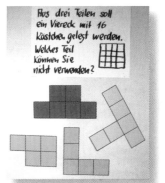 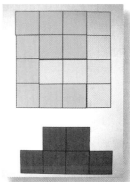

„Wie viele Quadrate
erkennen Sie?"

Möglich sind 30 Quadrate:
- 16 Quadrate mit einem Kästchen
- 9 Quadrate mit vier Kästchen
- 4 Quadrate mit neun Kästchen
- 1 Quadrat mit 16 Kästchen

„Von diesen neun äußerlich gleichen
Kugeln ist eine leichter. Mit wie vielen
Wägungen können Sie herausfinden,
welche Kugel das ist?"

Zwei Wägungen sind es: Zuerst drit-
teln Sie und erhalten dann mit der
ersten Wägung die Information, in
welcher Dreiergruppe die leichtere Kugel ist. Die zweite Wägung geschieht
dann mit den einzelnen Kugeln.

3. Ds Spl hn Vkl

▶ **Einsatz:** zur Zusammenfassung, Wiederholung und Auflockerung

▶ **Dauer:** ca. 10-15 Min.

▶ **Material:** Marker, Moderationskarten

▶ **Teilnehmerzahl:** beliebig, ab 10 Personen Teams à 3-5 Teilnehmer bilden

Lernunterstützendes Spiel zur Wiederholung von Begriffen

1. Vorbereitung

Heften Sie eine Musterkarte vorne an.

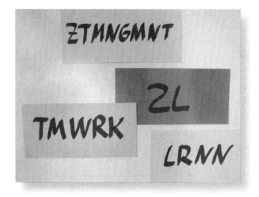

Ihre Musterkarte zeigt einen Begriff zum Thema. Er ist ohne Vokale notiert worden und sollte nicht so schwer zu erraten sein.

Nehmen Sie nur große Buchstaben. Die Mischung von groß und klein geschriebenen Buchstaben erleichtert das Raten.

2. Anmoderation

Die Teilnehmer werden aufgefordert, drei bis vier Begriffe zum Thema zu finden und diese auf Moderations-karten zu notieren (bei Teams: je Team 6-8 Karten einer Farbe). Die Begriffe werden so notiert, dass auf der Karte nur Konsonanten zu lesen sind. Bitte keine Platzhalter für fehlende Buchstaben lassen und nur große Buchstaben benutzen.

3. Durchführung

Während die Teilnehmer schreiben, beginnen Sie mit dem Einsammeln der Karten. Sind alle Karten eingesam-melt, werden sie von Ihnen nacheinander an der Pinwand angehängt. Sobald eine Karte dort sichtbar ist, dür-fen die Teilnehmer ihre Lösungsvorschläge laut nennen. Sie können Punkte für geratene Karten vergeben.

4. Auswertung

keine Auswertung

5. Kommentar

Machen Sie sich auf ein munteres Rufen gefasst, sobald Sie die Karten anhängen – es geht oft lebendig zu. Reizvoll ist es, wenn auch schwierige Begriffe dabei sind, wie z.B. „BRGN" (AUBERGINE – doppelter Vokal zu Beginn)

4. Dezimo

▶ **Einsatz:** zur Auflockerung,
zum Tagesabschluss, zum
Einstieg in ein Thema, zum
Einstieg in den zweiten Tag
▶ **Dauer:** ca. 5-10 Min.
▶ **Material:** Pinwand, Haftnoti-
zen in zwei Farben, Marker,
Sanduhr mit kurzer Laufzeit
oder Stoppuhr
▶ **Teilnehmerzahl:** beliebig

Lernunterstützendes Spiel zur Wiederholung/Sammlung von Begriffen

1. Vorbereitung

Beschriften Sie zwei Sätze Haftnotizen mit den Buchstaben des Alphabets. Das ist beim ersten Mal „Arbeit", spätestens bei weiteren Einsätzen können Sie aber auf diese Buchstabensätze zurückgreifen.

So präsentiert sich das Spielfeld zu Beginn.

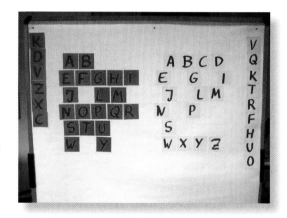

Hier wurde schon kräftig dezimiert.

2. Anmoderation

Die beiden Teams sollen zu jedem Buchstaben des Alphabets einen zum Thema passenden Fachbegriff finden und laut nennen.

3. Durchführung

Zwei Teams werden gebildet und das Spiel vorgestellt. Eine Sanduhr wird umgedreht (Stoppuhr: 30 Sekunden) und nun muss das erste Team zu den Buchstaben des Alphabets möglichst schnell viele Antworten/Begriffe finden, die zur gestellten Frage passen. Beispiel: Was gehört zu einem erfolgreichen Verkaufsgespräch? (A = Aufmerksamkeit dem Kunden gegenüber, B = Begeisterung für das Produkt oder die Dienstleistung, usw. Die alphabetische Reihenfolge muss bei der Beantwortung aber nicht eingehalten werden.)

Der mit einem Begriff bzw. einer Antwort besetzte Buchstabenzettel wird an die Seite gehängt und die nächsten ebenso. Nach 30 Sekunden wird gewechselt. Team 2 tritt in Aktion und beantwortet in der Sanduhrzeit die nächste Frage des Moderators. Erneuter Wechsel und Team 1 spielt mit seinem Spielplan weiter, auf dem jetzt bereits einige Buchstaben fehlen: Die Möglichkeiten reduzieren sich also von Fragerunde zu Fragerunde. Siegerteam ist das erste Team mit leerem Spielplan.

4. Auswertung

keine Auswertung; evtl. kurze Kommentare zu einzelnen Begriffen.

5. Kommentar

Ein spannender fachbezogener Wettkampf, bei dem sich die Spielenden gegenseitig unterstützen. Entscheidend ist die Qualität Ihrer Frage: Ist sie zu offen und vage, kommen schnelle und breite (flache) Antworten. Interessant wird es mit präzisen und zielorientierten Fragen.

5. Der bayerische Wecker

▶ **Einsatz:** zur Auflockerung, zum Einstieg in eine Arbeitseinheit „Fragen"

▶ **Dauer:** ca. 5–10 Min.

▶ **Material:** Flip-Chart, Marker

▶ **Teilnehmerzahl:** beliebig

Wahrnehmungsspiel zum Thema „Fragen"

1. Vorbereitung

Zeichnen Sie den/einen bayerischen Wecker groß auf einen Bogen Papier und halten Sie diese Zeichnung griffbereit, aber vor den Teilnehmern/innen verborgen.

So könnte er aussehen, Ihr bayerischer Wecker:

▷ das Dreieck steht auf der Spitze,

▷ die Ziffern sind falsch angeordnet,

▷ zwei Glocken thronen oben auf,

▷ Bierkrug und Fahnen symbolisieren das Bayerische,

▷ usw. …

2. Anmoderation

Bitten Sie eine/n Teilnehmer/in, sich freiwillig für eine Übung zum Thema Kommunikation zur Verfügung zu stellen.

3. Durchführung

Den/die Freiwillige bitten Sie kurz vor die Türe. Sobald er/sie draußen ist, zeigen Sie der Gruppe den bayerischen Wecker mit der Aufforderung, sich jedes Detail zu merken und später auf jede Frage der freiwilligen Person ganz exakt zu antworten. Die Antworten sollen wirklich nur das beantworten, was erfragt wurde und keine zusätzlichen Informationen erhalten (Wird beispielsweise nach der Form des Weckers gefragt, lautet die Antwort „Dreieckig!" und nicht „Ein auf dem Kopf stehendes gleichschenkliges Dreieck".).

Sie lassen die Vorlage wieder verschwinden und den/die Freiwillige/n wieder in den Raum. An der Flip-Chart erhält er/sie einen Marker und wird gebeten, einen bayerischen Wecker zu zeichnen. Dafür darf er/sie Fragen an alle im Raum stellen, wofür allerdings nur zwei (drei) Minuten Zeit zur Verfügung stehen. Sie achten auf die Zeit und brechen die Aktion nach Ablauf der vereinbarten Zeit ab.

4. Auswertung

Gemeinsam mit der Gruppe können Sie auswerten:
▷ Welche Fragen waren hilfreich, welche nicht?
▷ Welche Gemeinsamkeiten lassen sich bei den hilfreichen Fragen feststellen?
▷ Was hat dem/der Fragenden geholfen?
▷ Welche Beobachtungen machen Sie zum „Fragen unter Zeitdruck".
▷ Welches Fragemuster lässt sich feststellen?
▷ Welche Parallelen konnten Sie zu Ihrem eigenen Frageverhalten / Ihrer eigenen Kommunikation entdeckt?
Variation: Bestimmen Sie vorab zwei Beobachter – einer achtet auf geschlossene, ein anderer auf offene Fragen.

5. Kommentar

Der Effekt, dass „unter Zeitdruck erst einmal/fast nur geschlossen gefragt wird", stellt sich anschaulich ein.

6. MoKa-Knobelei

► **Einsatz:** zur Auflockerung,
Kooperationsaufgabe im
Kontext von Team-/Projekt-
workshops
► **Dauer:** ca. 15-30 Min.
► **Material:** Moderationskar-
ten, Pinwand, je Team ein
Tisch, eine Schere und far-
bige Marker
► **Teilnehmerzahl:** beliebig

Teamspiel

1. Vorbereitung

Gestalten Sie eine Musterkarte und platzieren Sie diese für die Gruppen erst einmal unsichtbar hinter einer Pinwand.

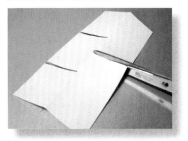

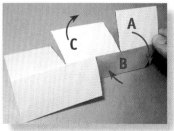

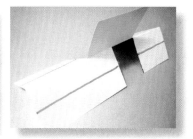

Die Moderationskarte wird in der Mitte geknickt. Schneiden Sie die Karte nun an der einen Seite einmal und an der anderen Seite zweimal durch.

Jetzt der Dreh: Drehen Sie die Flächen A und B einmal um die Mittelachse. Feld C wird nach oben gefaltet.

Nun noch eine kleine Gemein-heit. Die rote und die grüne Linie suggerieren, dass es sich hier um eine ehemals zusammengehörige Fläche handelt.

2. Anmoderation

In Teamarbeit soll möglichst rasch eine Kopie der hinter der Pinwand verborgenen Karte hergestellt werden, wobei bestimmte Regeln zu beachten sind.

3. Durchführung

Während der Durchführung achten Sie auf die Einhaltung der Regeln:

▷ Pro Team darf sich max. ein/e Teilnehmer/in hinter der Pinwand aufhalten und die Musterkarte betrachten.
▷ Jede/r Teilnehmer/in darf so oft und so lange die Musterkarte betrachten, wie er möchte.
▷ Die Musterkarte darf nicht berührt werden.
▷ Hinter der Pinwand darf nicht gesprochen werden.
▷ Hinter der Pinwand dürfen keine Notizen gemacht werden.
▷ Das Material vom Gruppentisch darf nicht zum Vergleich mit der Musterkarte mitgenommen werden.

Von da an beginnen ein reges Treiben und ständige Wechsel zwischen dem Betrachten der Musterkarte hinter der Pinwand und dem Arbeiten am jeweiligen Gruppentisch. Sobald die erste Gruppe die Lösung gefunden hat, endet das Spiel.

4. Auswertung

Gemeinsam mit der Gruppe können Sie auswerten:

▷ Worin bestanden die besonderen Schwierigkeiten?
▷ Welches Vorgehen wurde gewählt?
▷ Was waren förderliche oder behindernde Vorgehensweisen?
▷ Wie war die Rollenaufteilung und die Nutzung von Stärken im Team?
▷ Was können Sie daraus für Ihre Arbeitssituation ableiten?

5. Kommentar

Eine unaufwendige Teamübung, bei der auch unterschiedliche (typbezogene) Wahrnehmungsarten deutlich werden.

7. Der große Preis

▶ **Einsatz:** zur Auflockerung, zur Wiederholung, zum Einstieg ins Thema, als Abendprogramm

▶ **Dauer:** ca. 20-120 Min. (je nach inhaltlichem Umfang und Inszenierung)

▶ **Material:** Moderationskarten, Pinwand, je Team ein Tisch, vorbereitete Fragen und Antworten zum Thema

▶ **Teilnehmerzahl:** beliebig

Quizspiel

1. Vorbereitung

Die Karten für die Fragewand müssen einmalig vorbereitet werden. Ihr Thema teilen Sie in Unterthemen (Spalten) auf. Für jede dieser Spalten sammeln Sie (drei bis sechs) Fragen und sortieren diese nach Schwierigkeit. Die Fragen werden auf Moderationskarten notiert, die Sie vorher mit zu gewinnenden Punkten von 100 bis 600 beschrieben oder bedruckt haben.

Ein möglicher Spielplan. Je nach Zeit und Zielsetzung können Sie mehr oder weniger Fragen platzieren.

Praktisch in der Vorbereitung: In einer Word-Tabelle stellen Sie für sich die Fragen zusammen ...

... schneiden diese auseinander und kleben sie einfach auf die Rückseiten der Karten.

2. Anmoderation

Je nach Zielsetzung und Anlass moderieren Sie den großen Preis als Lernspiel oder Quiz an.

3. Durchführung

Die Gruppe wird in Untergruppen à 3-4 Personen geteilt. Die erste Gruppe wählt eine beliebige Frage aus einem der Themenbereiche. Die Frage wird vorgelesen und von der Kleingruppe beantwortet. Ist die Frage richtig beantwortet, erhält die Kleingruppe die entsprechenden Punkte. Wurde die Frage falsch beantwortet, geht sie an die nächste Kleingruppe weiter (und evtl. noch an die dritte oder vierte Gruppe). Die Reihenfolge der Gruppen wird durch das Weiterreichen unbeantworteter Fragen nicht beeinflusst. Sind alle Karten beantwortet, werden die Punkte addiert und das Siegerteam prämiert.

4. Auswertung

Die Auswertung hängt davon ab, welchen Charakter Sie dem Spiel geben. Wenn der Lerneffekt im Vordergrund stehen soll, können Sie (oder die Teilnehmer) neben den Antworten vertiefende Ergänzungen machen.

5. Kommentar

Sie können unter die Karten auch „Glückskarten" und „Action-Karten" mischen. Bei der „Glückskarte" erhält das entsprechende Team automatisch 500 Punkte, hinter den „Action-Karten" verbergen sich Rollenspiele zum Thema (gut geeignet im Verhaltenstraining) oder Spielaufgaben, die dann ausgeführt werden müssen.

Ideen zu Spielaufgaben für „Action-Karten":

➤ Einer aus jedem Team zündet mit einem (!) Streichholz eine Kerze möglichst oft an und bläst sie wieder aus.
➤ Das ganze Team „ertastet" mit geschlossenen Augen den Wert von vier verschiedenen Geldstücken.
➤ Einer aus jedem Team steht mit geschlossenen Augen auf einem Bein. Wer schafft es am längsten?
➤ Jedes Team schätzt die Zahl Pralinen in einem Glas. Anschließend werden die Pralinen verteilt.
➤ Einer aus dem Team sortiert acht Menschen mit geschlossenen Augen nach der Körpergröße.
➤ Einer aus dem Team hält eine Nähnadel, eine andere Person versucht den Faden einzufädeln. Man darf sich hierbei nicht berühren.

8. Galerie

▶ **Einsatz:** zum Einstieg in ein Thema

▶ **Dauer:** ca. 15 Min.

▶ **Material:** vorbereitete Karten zum Thema, Pinwände

▶ **Teilnehmerzahl:** beliebig

lernunterstützendes Spiel

1. Vorbereitung

Ihr Thema wird in zwei bis drei unterschiedliche und gegensätzliche Aspekte, Bereiche oder Pole zerlegt (z.B. das ideale Führungsverhalten: 1. autoritär, 2. laissez faire, 3. partnerschaftlich-demokratisch). Diese Überschriften notieren Sie jeweils auf einer leeren Pinwand. Zum Thema passend stellen Sie eine Galerie aus unterschiedlichen Aussagen, Skizzen und Bildern zusammen. Idealerweise sind es großformatige Motive, die, auf 160 g-Papier aufgeklebt, länger halten.

Die Galerie im Detail: Abwechslungsreiche Visualisierungen (Zitate, Definitionen, Fachbegriffe, Abbildungen) sprechen auch unterschiedliche Teilnehmertypen an.

2. Anmoderation

Den Teilnehmern wird das Vorgehen erklärt.

3. Durchführung

Die Teilnehmer/innen stehen gleichzeitig auf und nehmen sich nach Belieben einzelne Karten aus der Galerie. Bevor diese Karten nun von ihnen unter einer der Überschriften passend platziert werden, muss man vorher mindestens einen anderen Teilnehmer finden, der mit dieser Entscheidung übereinstimmt. Über jede Karte wird also zwischen den Teilnehmenden gesprochen.

4. Auswertung

Sind alle Karten verteilt, werden die Pinwände von der Leitung vorgestellt, Ergänzungen zu einzelnen Karten gegeben oder Mehrdeutigkeiten mit den Teilnehmern diskutiert. Manchmal werden auch Karten umgehängt oder gedoppelt. Die fertigen Wände können dann die Basis zur Weiterarbeit sein, indem sie in Untergruppen ergänzt oder als Definitionen zusammengefasst werden.

5. Kommentar

▶ Eine unwahrscheinlich anregende und vielseitige Methode.
▶ Dieser Methode geht eine umfangreiche Materialsammlung voraus, die sich im Endeffekt lohnt. Bei der Auswahl von Bildern auf den mehrfachen Einsatz hinarbeiten, z.B. hochwertige Fotos aus Kalendern oder Büchern nehmen und auf Karton kleben.
▶ Die Leitung erhält einen guten Eindruck vom Wissensstand der Gruppe.
▶ Zur Bearbeitung von Themen aller Bereiche geeignet.

9. Erkenntnisbaum

▶ **Einsatz:** am Ende von
Arbeitseinheiten

▶ **Dauer:** ca. 5-10 Min.

▶ **Material:** Haftnotizen in
Blattform oder als Blätter
zugeschnitten

▶ **Teilnehmerzahl:** bis 12

Übung zum persönlichen Feedback

1. Vorbereitung

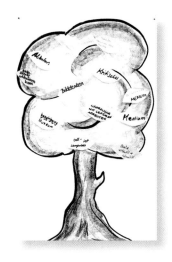

Mit Wachsblöcken haben Sie rasch einen großen Baum gestaltet (siehe auch Kapitel 4 – Farben, S. 96)

Die selbstklebenden Blätter können Sie fertig kaufen (Schreibwarenhandel) oder aus Haftnotizen zuschneiden.

2. Anmoderation

Der Erkenntnisbaum ist der Platz, an dem Seminarerkenntnisse wachsen und reifen können. Auf einem Blatt wird jeweils eine persönliche Erkenntnis / ein konkretes Vorhaben notiert, das für die einzelne/n Teilnehmer/in im vergangenen Seminarabschnitt wichtig geworden ist.

3. Durchführung

Jede/r Teilnehmer/in erhält ein Blatt, auf dem eine Erkenntnis notiert wird. (Diese Schreibphase sollte einige Zeit ruhig sein.) Der Reihe nach kommen alle nach vorne, lesen ihre Erkenntnis vor und platzieren sie auf dem Baum-Motiv.

4. Auswertung

Keine Auswertung. Zum Seminarende können die Blätter von den jeweiligen Teilnehmern/innen mitgenommen werden. Sie können die Blätter auch gesammelt fotokopieren.

5. Kommentar

Diese Methode regt die Teilnehmer/innen dazu an, sich direkt über den Nutzen Gedanken zu machen und ihre Position auch „öffentlich" zu vertreten. Eine gute Gelegenheit für Trainer/innen, ein Feedback zwischendurch zu erhalten und über aktuelle (Lern-)Erkenntnisse auf dem Laufenden zu sein.

Mein Archiv für spielerische Ideen

Mein Archiv für spielerische Ideen

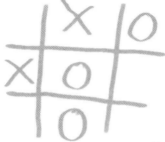

Zusammengefasst:

Spiele ins Spiel gebracht

▶ Überraschen Sie Ihre Teilnehmer/innen mit einem Spiel.

▶ Inszenieren Sie ein wenig und nutzen Sie diesen Spannungsbogen für Ihre Präsentation.

▶ Spielerische Aktivitäten eignen sich besonders für die „Ränder" von Veranstaltungen: zu Beginn, vor und nach Pausen oder Sinnabschnitten, am Ende.

▶ Achten Sie auf metaphorische Aussagen zu den Spielen und Rätselaufgaben und greifen Sie die Teilnehmeräußerungen dazu auf.

Anhang

Detailerläuterungen zu den Abbildungen in Kapitel 2 – Komposition

Reiner Text

Bei beiden Abbildungen ist es vor allem die Gleichmäßigkeit des Schriftbildes, die die Lesbarkeit auch auf Distanz erhält.

Tipp: Flip-Chart-Bögen umdrehen. Bei den meisten Papieren scheinen die Kästchen leicht durch und so können Sie deren „Linienfunktion" nutzen, ohne dass sie wuchtig und statisch wirken.

Teamarbeit

Da waren vier Leute mit dem Namen Jedermann, Jemand, Irgendeiner und Niemand. Eine wichtige Arbeit stand an. Jedermann wurde gebeten, sie zu tun. Jedermann war jedoch sicher, dass Jemand sie tun würde. Irgendeiner hätte die Arbeit ausführen können – aber Niemand hat es getan. Jemand wurde zornig darüber, denn Jedermann war gebeten worden. Niemand wollte wissen, dass Irgendeiner zuständig war. Jedermann beschuldigte Jemand, als Niemand tat, was Irgendeiner hätte tun können.

Prüfstand für Gruppennormen

Bitte diskutieren Sie über:

- Wer spricht am meisten?
- Wer spricht am wenigsten?
- Wer spricht mit wem? (Cliquen)?
- Wer wird um Rat gefragt?
- Wer macht die Vorschläge?
- Wer gibt die Anordnungen?
- Wer wird übergangen, gemieden?
- Wird gelacht?
- Darf Langeweile / Frust ausgedrückt werden?
- Werden Aggressionen geäußert?
- Wie wird organisiert / vorgegangen?

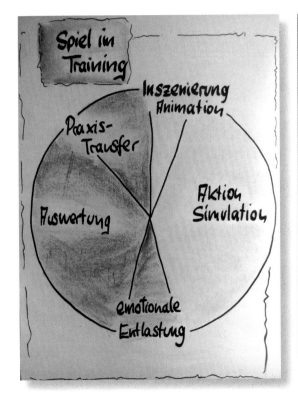

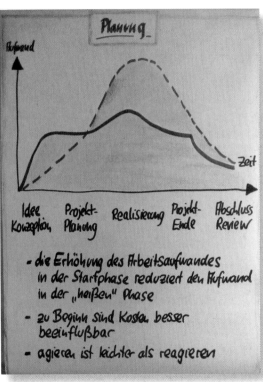

Diagramm

Für die Colorierung dieser Grafiken ist der Wachsblock ideal: Das Arbeiten mit dem Wachsblock geht schnell und die Farbpalette ermöglicht Abwechslung und Mischungen.

Der Kreis in der linken Abbildung wurde mit dem „Fadenzirkel" (siehe S. 112) und einem Bleistift vorgezeichnet. Danach folgten die Schlagworte, dann die Linien und zum Schluss die Farbe.

Auch das rechte Motiv wurde kurz mit Bleistift vorgezeichnet.

Bilder und Motive als Eye-Catcher

Bei den brennenden Buchstaben wurden als erstes die Buchstaben „normal" mit Bleistift vorgezeichnet. Erst im zweiten Schritt entstanden die Flammen beim Nachziehen der Linien mit dem Marker. Die Flammen bestehen aus: 1. Gelb, 2. Orange, 3. Rot und 4. ein wenig Violett am Rand.

„Columbo" ist ein starker visueller Anker und erzeugt sofort Assoziationen zum Verhalten dieses Fernsehcharakters.

Überlege dir vorher einen „Columbo" für deinen Kunden! geht für alle Bereiche!

im entfressten stand einsetzen!

P.s: Falls für Sie irgendwann einmal ... in Frage käme, freue ich mich über einen

Vollbild / Schaubild

Das Motiv oben besitzt mit den Maßen 1,90 m x 1,30 m eine Ausdehnung, die nur schwer zu gestalten ist. Deshalb wurde klein vorgezeichnet, auf Folie übertragen und mit dem Overhead-Projektor projeziert (siehe S. 176 f).

Links: Von alten Schulkarten lässt sich eine Menge lernen: Komposition, Motivwahl und Einfachheit der Darstellung. Zumeist bestehen die einzelnen Objekte nur aus zwei Farben und wenigen Details.

Wandzeitung / Collage

Der Vorteil bei der Gestaltung von Wandzeitungen steckt in ihrem kunterbunten Auftritt. Sie brauchen sich bei der Herstellung nicht auf Techniken, Farben, Linienführungen oder Hilfsmittel konzentrieren und können zudem noch professionelle Grafiken mit einbauen.

Anders als bei den Schaubildern (die Sie einmal aufwendig anfertigen und dann in der Regel nicht mehr ändern), können Sie hier bei jeder Präsentation neue Schwerpunkte setzen.

Dreidimensionale Objekte

Gegenstände wirken dann besonders gut, wenn sie entweder originell (das hat man nicht jeden Tag in der Hand) oder gut inszeniert (interessant aufgestellt, in Beziehung gesetzt, verdeckt, beleuchtet) sind.

Ein kleiner Tisch, farbige Papiere als Unterlage oder auch ein andersfarbiges Tischtuch verstärken die Inszenierung und machen sie wertiger.

Quellen & Co.

Bezugsquellen und Herstellerhinweise:

An den jeweiligen Produkten finden Sie Kaufempfehlungen und die dazugehörige Websites. Ich empfehle Produkte, mit denen ich selbst gerne arbeite und Bezugsquellen, bei denen ich gute Erfahrungen gemacht habe. Das alles bezieht sich auf den Erscheinungstermin des Buches (Oktober 2006) und ich hoffe, dass genau diese Produkte und Händler noch lange zu finden sind. Eine Gewähr kann nicht übernommen werden.

Dank für Unterstützung:

Viele Kollegen/innen haben bei der Entstehung dieses Buches mitgewirkt – die meisten unbewusst durch ihre bohrenden Fragen. Ganz besonders bedanken möchte ich mich bei Barbara Klingenberg, Claudia Simmerl, Claudia Hain und Berthold Gaus, deren Visualisierungen Ihnen als Abbildungen an verschiedenen Stellen im Buch begegnen. Ein besonderer Dank geht an Michael Sigmund, der mit mir in zwei Kreativ-Sessions Details erarbeitet hat, die sich ebenfalls an unterschiedlichen Stellen wiederfinden.

Dank für Anregungen:

Drei Jahre habe ich Anregungen und Umsetzungsideen gesammelt und bin in dieser Zeit vielen Menschen in Deutschland und der Schweiz begegnet, die Visualisierung professionell betreiben und bei mir die Flamme des „Aufschreiben!" am Köcheln gehalten haben. Hilfreich war dabei auch die Orientierung an der amerikanischen Literatur, bei der ich hoffe, dass sich bald engagierte Verlage und Übersetzer finden.

Dank für Ausdauer:

An Jürgen Graf und Ralf Muskatewitz und einen hervorragend arbeitenden, freundschaftlich-kollegialen Verlag.

Quellenangaben:

Die Abbildungen auf den Seiten tragen keine Kopf- oder Fußnoten. Alle Abbildungen, wenn sie nicht von den u.g. genannten Trainerkollegen/innen stammen, sind von mir erstellt worden.

Quellenangaben nach Kapiteln:

01 Der Weg zur Idee: Tempo 30 (S.18 ff) und M.O.S.E. (S.22) basieren auf den Methoden von Carmen Thomas; City-Cards Gratispostkarten (S.25) werden verlegt von www.citycards.de.

02 Komposition: Abb. „Reiner Text" (S.37) von Berthold Gaus und Claudia Hain; Abb. „Eye-Catcher" (S.38) von Claudia Simmerl; Abb. „Einer braucht den anderen" (S.38) unbekannt; Abb. „Guten Morgen" (S.41) von Michael Sigmund; Abb. „effektive Führung" und „Gruppen" (S.41) von Claudia Hain und Berthold Gaus; Abb. „Rezepte" (S.43) von Claudia Hain und Berthold Gaus; Abb. „Moderator/Präsentator" (S.43) von Barbara Klingenberg; Abb. „Tagesrückblick" und „Einzelarbeit-Gruppenarbeit" (S.44) von Claudia Hain und Berthold Gaus.

03 Schrift: Abb. Schrift (S.61) von Neuland; Abb. „Schriften" (S.71) von Microsoft, www.microsoft.de; PinKing, www.pinking.de; www.imsisoft.com; Anregungen zu den Bildworten (S.73 f) unbekannte Kopie aus den 80er-Jahren – trotzdem Danke!;

04 Farbe: „Farbschema" (S.86f) in Anlehnung an NEULAND, Michéle: Neuland-Moderation; Abb. „Aufzählungspunkte" (S.93) und „Führungskreis" (S.96) von Claudia Hain und Berthold Gaus; Abb. „Kullergesichter" (S.96) von Barbara Klingenberg; Abb: „Jahresziele" (S.97) von Michael Sigmund.

05 Formen: Abb. „Ansprüche der Unternehmensleitung" (S.105) von Claudia Simmerl; Abb. „Projektgruppe" (S.105) unbekannt, aus der Trainerausbildung ADG; Abb. „Ansprüche des Unternehmens an die Führungskräfte" und „Die effektive Gruppe" (S.117) von Claudia Hain und Berthold Gaus; Abb. „Das magische Dreieck" (S.121) von Claudia Simmerl.

06 Akzente: Abb. „?" (S.131) unbekannter Bonner Sprayer; Abb. „farbige Textfelder" (S.142) von Claudia Simmerl; „Guten Morgen", „Willkommen" (S.144) und Rahmen (S.145) von Michael Sigmund.

07 Menschen: Abb. „Flip-Chart" (S. 151) von Neuland, Eichenzell; Abb. „Star People" (S.154 ff) in Anlehnung und mit freundlicher Genehmigung von The Grove Consultants International, San Francisco CA; „Karten-Menschen" finden sich verfeinert und in vielen Variationen von Katharina Becker illustriert in den Büchern Kooperative Abenteuerspiele 1 und 2; Abb. „Zustände & Physiologien" (S.165) von Claudia Simmerl; Abb. „Menschenkette" (S.166) von Heike Franzen, G.I.T.-Seminare;

08 Verfremden, kopieren und zitieren: Abb. „Schlagzeile" (S.173) aus der BILD-Zeitung; Abb. „Cartoon von Eberhard Holz" (S.176) mit freundlicher Genehmigung des Verlags Recht und Wirtschaft, Frankfurt; Abb. „Stuhl" (S.179) aus

IMSI-Masterclips; Abb. „Table Top" (S.181) von Neuland, Eichenzell; Abb. „Vorlagenbuch" „Fenster" (S.182) mit freundlicher Genehmigung des Urania-Verlags, Stuttgart; Abb. „Projektgruppe" (S.182) unbekannt, aus der Trainerausbildung ADG; Abb. „Hände" (S.183) aus dem Schnippelbuch; Abb. „Atlas der Liebe" (S.184) vom mvg-Verlag; Abb. Wachstum (S.184) von Lexware; Abb. „Hilfsmittel" (S.186) von Michael Sigmund; Abb. „Teamcoaching" und „Ziele von Moderation" (S.186) von Claudia Simmerl; Abb. „Kataloginnenseite" (S.187) mit freundlicher Unterstützung der Firma Labbé, Bergheim; Abb. „Eisberg" (S.188) von Martin Görner; Abb. „Goldrahmen" (S.188) von Barbara Klingenberg; Abb. „Infos zum Seminar" (S.189) von Ulrich Balde; Abb. „Tacho" (S.189) von Marion Zupancic-Antons; Abb. „Gesprächsführung" (S.190) von Margit Häßler; Abb. „Tiefenstruktur" (S.191) von Claudia Simmerl;

09 Kreativ präsentieren: Abb. Poster und Landkarten (S. 202 und 203) sind langjährig gesammelt und ohne Quellenangaben, Bezug von Karten: www.schulkarten.de; Abb. „Mittel der Präsentation" (S.204) aus Spielpraxis, Kallmeyersche Verlagsbuchhandlung; Abb: „Kunstbilder" (S.204) vom Neckar-Verlag; Abb. „Moderationskarten mit Icons" (S.213) von Michael Sigmund;

10 Spiele: „Visualisierte Rätselaufgaben" (S.224f) in Anlehnung an/nach Gehirnjogging, Moses-Verlag; „Erkenntnisbaum" (S.238) nach einer Idee von Carmen Thomas.

Literatur

ALLGAIER, Ulrich und BERTHEL, Andrea: Illusionsmalerei – Das Vorlagenbuch. Mit 100 Beispielen zum einfachen Herauslösen. Stuttgart, Urania Verlag, 2002.

BECKER, Herbert: Kompaktkurs Kaligraphie. Der sichere Weg für Einsteiger. Freiburg i.Br., Christophorus-Verlag, 1995.

BRÜGEL, Eberhard: Körperhaftes Zeichnen. Freiburg i.Br., Christophorus-Verlag, 1985.

FEIX, Nereu und SCHIFFMANN, Paul: Präsentation und Visualisierung. Studienbrief Erwachsenenbildung. Kaiserslautern, Universität Kaiserslautern.

Gehirnjogging. 50 Fünf-Minuten Übungen. Kempen, Moses-Verlag, 2002.

GILSDORF, Rüdiger und KISTNER, Günter: Kooperative Abenteuerspiele II. Eine Praxishilfe für Schule und Jugendarbeit. Seelze-Velber, Kallmeyersche Verlagsbuchhandlung, 2001.

HELLER, Eva: Wie Farben wirken. Farbpsychologie. Farbsymbolik. Kreative Farbgestaltung. Reinbek bei Hamburg, Rowohlt Verlag, 1989.

LASKO, Wolf W.: Wie aus Ideen Bilder werden. Einfach besser präsentieren – in Sekunden überzeugen. Wiesbaden, Dr. Th. Gabler Verlag, 1997.

Mein riesengroßer Malspaß. München, F.X. Schmid, 1998.

NATKE, Bernd: Komikzeichnen für Einsteiger. München, Droemersche Verlagsanstalt Th. Knaur Nachf., 2002.

NEULAND, Michèle: Neuland-Moderation. Bonn, managerSeminare, 2003.

SCHNELLE, Eberhard und SCHNELLE-CÖLLN, Telse: Visualisieren in der Moderation. Eine praktische Anleitung für Gruppenarbeit und Präsentation. Hamburg, Windmühle, 1997.

SEIFERT, Josef W.: Visualisieren – Präsentieren – Moderieren. Offenbach, Gabal, 1995.

SIBBET, David: I see what you mean – Empowering through visual language. San Francisco, Sibbet & Associates, 1981.

STROEBE, Rainer W.: Grundlagen der Führung. Mit Führungsmodellen. Mit Tabellen. Heidelberg, Sauer, 1996.

THE GROVE CONSULTANTS INTERNATIONAL: Pocket Pics. Difficult Concepts. Facilitation Guides. San Francisco, The Grove Consultants International, 1995.

WEIDENMANN, Bernd: Einhundert Tipps und Tricks für Pinwand und Flipchart. Weinheim und Basel, Beltz, 2002.

WILL, Hermann: Mini-Handbuch Vortrag und Präsentation. Für Ihren nächsten Auftritt vor Publikum. Weinheim und Basel, Beltz, 1994.

Zum guten Schluss

„Nimm Dir vor, Zeichnen zu üben, jeden Tag nur ein
wenig, sodass du weder den Geschmack an der Sache
verlierst noch ihrer müde wirst ...

Versäume hinfort nicht, jeden Tag etwas zu zeichnen,
denn wie wenig es auch sei, es wird sich wohl lohnen
und dir unendlich zugute kommen."

Cennino Cennini
Il Libro Dell Arte, ca. 1435